目次

デザイン　濱崎実幸

はじめに

二〇二二年二月に創刊一五〇年を迎え、現存する新聞社で国内最古の毎日新聞には、四本支社に発行開始以来の紙面原紙や報道写真が保管されている。二〇二〇年四月、これらアーカイブ資料を管理・活用する大阪本社の情報調査部に赴任した筆者は、保管資料の全体把握を進めるなかで、絶えまなく日々を記録した膨大な資料群に改めて圧倒され、人々の暮らしや社会を伝えようとした先人たちのエネルギーを感じた。

時代を写す資料群は、毎日新聞の宝であると同時に、社会の財産でもある。棚に眠る膨大な記録を少しでも世に出したいと考え、思いを共有する部員と検討を始めたのが本書出版のきっかけであった。

戦中戦後の写真集はすでに数多く出版されている。しかし、第二次世界大戦の敗戦で日本に進駐したGHQ（連合国軍最高司令官総司令部）に焦点を当て、占領期特有の事物を載せた写真集は今も多くはない。GHQの占領は全国に及び、米軍撮影による写真は数多く残されている。最近はカラー写真も盛んに発掘・公開されるようになった。一方、日本人の目で捉えたものはまだ少なく、特に東京以外の各地の占領期写真は貴重で、占領下の大阪・関西を描いたビジュアル資料は、点数自体も公開の機会も極めて少なかった。

本書は概説となる序章と写真中心の三章とで構成し、第一章「大空襲と焼け野原」では、関西各地が焼き尽くされた惨状や瓦礫と化した街を伝え、第二章「占領下の街」では占領軍による建物の接収で英語やカタカナが街にあふれ、米国文化を取り入れ、あるいは染まりながら生き抜く人々の素顔を追った。第三章「戦後復興の人と暮らし」では、物資不足のなかでバスや電車車両、防空壕跡などを住まいとしながらしのぐ人々や、窮状を訴えてデモに立ち上がる様子などを活写している。

第二章に掲載している、接収された伊丹空港（伊丹エアベース）周辺の写真では、米国の街と見まがうような通称「テキサス通り」の出現を伝え、敗戦による占領軍の支配を印象づける。接収施設では、占領軍の売店（ＰＸ）となった大阪市のそごう心斎橋本店や、ＧＨＱによる西日本の占領拠点となった京都市の大建ビルなどがよく知られている。本書ではこれら著名施設以外の写真も可能な限り収録しており、関西の接収施設の写真をこれほどたくさん載せた書籍は本邦初と考えられる。

毎日新聞社の保存写真には、そのほとんどに撮影の場所と日にちが記載されている。撮影直後に記されたものは特に信頼性が高く、各章とも時系列に沿って写真を配置できた。それゆえ、大空襲から占領を経て立ち上がっていく人々の暮らしぶりや表情、街並みの変化をたどりながら、復興とともに日常を取り戻していく様子を追うことができた。

占領期の新聞は戦時中に保障されなかった言論の自由を得た一方で、真逆の「日本に与える新聞遵則」（プレスコード）で報道統制された。占領軍は遵則で「占領軍に対し不信若《もし》くは怨恨を招来するような事項を掲載してはならぬ」「連合国部隊の動静に関しては、公式に発表されない限り発表又は議論してはならぬ」などと規制し、検閲を約四年続けた。

本書は、空襲から占領軍による進駐、さらに米軍撤退後も色濃く残る占領の影響を一連の動きとして、約四〇〇枚の写真で伝えようと試みた。プレスコードを強いられるなかでの報道だったため、占領の実態を伝えるには限界があったと容易に想像できる。それでもなお、被占領者の視点で捉えた写真から得るものがあるのではないか。本書の写真は、古き日本を顧みてただ懐かしむだけの観点ではセレクトしていない。制約があるなかで、占領下の社会を捉えた日本側の視点を重視した。歴史研究や学校教育、市民のみなさんの間で戦後史の理解を深め、今後の視座を模索する一助になればと願っている。

毎日新聞大阪本社　元情報調査部長

阿部浩之

凡例

▼本書に掲載した写真と記事紙面はすべて毎日新聞社所蔵のものです。社員が撮影したものがほとんどですが、一部で社外からの提供写真も含まれます。

▼汚れや折れなど状態の悪い写真や、手描きでの修復が施されている写真も、記録性、資料性を重視し掲載しました。ご了承ください。

▼引用部分の表記にあたっては、読みやすさを考慮し、旧字旧仮名づかいから新字新仮名づかいに改めました。

序　章

占領期における報道写真をめぐって

――大空襲・占領・復興期の時代背景

1 毎日新聞大阪本社の写真ストックと占領下の報道写真

毎日新聞は『大阪日報』および『日本立憲政党新聞』を前身とする。自由民権運動のさかんな時期にあって、大阪で発行された民権派の政論新聞であった。その後、日豪貿易の祖と呼ばれた兼松房治郎が買収し、実業界の機関紙に転じて、『大阪毎日新聞』と改題する。一八八八年（明治二一）のことである。

毎日新聞大阪本社には、明治時代から今日に至るまでに撮影された膨大な写真の紙焼きのストックがある。堂島から西梅田に社屋を移転した際にも、基本的に破棄されることなく移され、項目別に整理されて保管されている。また一部はデジタル化され、一般の利用に提供されているが、そのほとんどは新聞社の保存棚に眠るままだ。

全部で何点あるのか、具体的にどのような写真があるのかなど、全体像は十分には精査されていない。本紙に掲載されたものもあれば、関連して撮影されたもの、また収集された写真などもある。戦前に出版されたグラフ雑誌、グラフィック印刷の日曜版、銭湯に掲出された「毎日新聞ニュース」などを再評価したいと考え、私は一〇年ほど前に書庫を訪問し、歴代の大阪代表や編集局長に写真ストックの有効活用を提案してきた。

二〇二〇年の暮れ、毎日新聞大阪本社情報調査部の担当から改めて写真資料の利活用について相談を受けた。私は、未公開の報道写真を構成しつつ、大阪および関西のビジュアル昭和史を編みたいと考え、新聞社のみなさんとともに書庫にある紙焼きの山を探索し、希少な報道写真の発掘を始めた。占領期に焦点を当てた本書は、その成果を示す初弾となるものだ。

本書は三章から構成されている。大空襲から敗戦を経て、進駐軍の上陸、米兵の駐留、GHQに接収された建物や施設、占領下の街と人々の暮らしまでを時系列で紹介する。

写真の選定に際しては、従前、発行されてきた写真集の類では紹介されていない珍しいカットを優先して掲載することとした。文字通り、「蔵出し」の写真集である。

占領期はGHQの検閲もあり、公開された写真資料が多いとは言えない。書籍などで公刊されているビジュアル資料も、東京や首都圏を扱ったものがほとんどで、偏りがある。いっぽうで現代史の研究者によって、各地方における占領の詳細がようやく明らかにされつつある。

関西にあっても、近年、京都や神戸に関する研究がさかんに行われるようになった。占領軍の兵舎に関する調査も進展をみている。また米国人が撮影した占領下のカラー写真も話題になった。このような状況にあって、大阪・関西の占領期を伝える報道写真を発掘し、いまだ知られていないビジュアル写真としてひろく提供することが重要だと考えた。

一般の方には、空襲から戦後復興期の大阪・関西を改めて理解していただく一助になり、また研究者にも役立てていただけるビジュアル資料となるように心がけたつもりだ。新聞社が独自に主催した催事なども紹介した。また、報道写真ならではの風景の切り取り方も見ていただきたいと考えた。たとえば、焼夷弾が降り注ぎ、市街が炎上する臨場感ある空襲時の写真は、堂島にあった社屋の屋上から撮影されたものである。

2 大空襲と大阪・関西

太平洋戦争末期、連合軍による空爆は熾烈を極めた。戦争による死者は、地上戦の被害が甚大であった沖縄が、軍人・軍属と一般人を合わせて約二〇万人と推計される。いっぽう本土空襲の死者数を都道府県別で見ると、東京都が約一一万人、広島県が約一四万人、長崎県が約七万人など、帝都と原子爆弾が炸裂した都市で多くの命が失われた。関西では、大阪府が一万三一二三人、兵庫県が一万一一〇七人、和歌山県一七三三人、京都府一三二人、滋賀県四三人、奈良県三六人を数えた。（以上に挙げた空襲による死者数は、各種の統計資料によって違いがあるが、おおよそ軍人・軍属を除いた一般人の数で、空襲翌年以降の後遺症などによる犠牲者数は含まれていない）。

ここでは大阪・関西における主な空襲を別表にとりまとめた。大阪や神戸、堺などの大都市のほか、明石の川崎航空機や鳴尾村（現・西宮市）の川西航空機の工場が目標となり、近傍の市街地などにも多くの爆弾が投下された。尼崎の日本石油関西製油所も爆撃された。

大阪では、大規模な空襲だけでも八度を数えた。第一回の大阪大空襲は夜間爆撃であった。一九四五年（昭和二〇）三月一三日の深夜二三時五七分から翌一四日の未明にかけて、三時間半ほど継続した。グアム、テニアン、サイパンなどの基地から二七四機のB－29が来襲し、市岡元町（港区）、塩草（浪速区）など、先導機が設定した照準点にナパーム弾を投下した。各地で発生した大規模な火災が後続機の目標となった。約二〇〇〇メートルの低空から一般家屋が密集する住宅地を狙って、クラスター焼夷弾が投下された。

第二回大阪大空襲は、六月一日の午前九時二八分から始まった。大阪港や安治川右岸の臨港地区、城南の陸軍施設が攻撃目標とされた。とりわけ港区と大正区が、壊滅的な被害を受けた。

六月七日の第三回大阪大空襲では、高倉町（都島区）や鶴橋駅、天王寺駅周辺が照準点とされた。あわせて、大阪陸軍造兵廠（大阪砲兵工廠）を目標として大型爆弾が投下された。長柄橋《ながらばし》にも爆弾が直撃し、橋の下に避難していた市民約四〇〇人が犠牲となったという。また、柴島《くにじま》浄水場（東淀川区）が破壊されたことにより、上水道供給機能が停止した。またこの空襲では、豊中市も目標となった。

六月一五日の第四回大阪大空襲では、出屋敷駅や神崎大橋南詰など五か所が照準点とされた。大阪市内だけではなく、尼崎市内も対象となった。

別表　1945年の主な空襲一覧

月日	名称	主な被災地	備考（日をまたぐ空襲）
1月17日	**京都・馬町空襲**	京都市	1月16日深夜～
3月14日	**第１回大阪大空襲**	大阪市	3月13日深夜～
3月17日	**神戸大空襲**	神戸市	
5月11日	**神戸大空襲**	神戸市、武庫郡	
6月1日	**第２回大阪大空襲、尼崎空襲**	大阪市、尼崎市	
6月5日	**神戸大空襲**	神戸市	
6月7日	**第3回大阪大空襲**	大阪市、豊中市	
6月9日	**明石空襲**	明石市、西宮市	
6月15日	**第4回大阪大空襲、尼崎空襲**	大阪市、尼崎市	
6月22日	姫路大空襲	姫路市	
6月26日	**第5回大阪大空襲、京都・西陣空襲**	大阪市、京都市	
7月3日	**姫路大空襲**	姫路市	～7月7日未明
7月7日	**明石空襲**	明石市	
7月9日	**和歌山大空襲**	和歌山市	～7月10日未明
7月10日	**第６回大阪大空襲、堺大空襲**	大阪市、堺市	
7月24日	**第７回大阪大空襲**	大阪市	
7月29日	舞鶴空襲	舞鶴市	～7月30日
8月6日	阪神大空襲	西宮市、芦屋市	
8月6日	**第8回大阪大空襲**	大阪市	

おびただしい回数に及んだ本土空襲のうち、死者数など被害が甚大であった主な空襲を挙げた。
空襲の名称には諸説あるが、より一般的なものを記載した。
被災地も主なものだけ挙げたが、被害はその周辺自治体にも及ぶ。
太字は本書第1章で写真を掲載している空襲。

六月二六日の第五回大阪大空襲では、北港（此花区）の住友金属の製鋼所、大阪陸軍造兵廠などの軍需工場を狙った精密爆撃であった。造兵廠に投下された爆弾は外れて、周辺地域に被害を及ぼした。

第六回大阪大空襲は、一般に「堺大空襲」と呼ばれている。七月一〇日の未明、夜間の爆撃によって、堺市の中心部が焼き払われた。被災者約七万人、死者一八六〇人、家屋の全半焼一万八四四六戸という甚大な被害を出した。

七月二四日の第七回大阪大空襲では、木津川飛行場と伊丹飛行場を爆撃したあと、住友金属の工場および大阪陸軍造兵廠が再度、目標となった。ただ大阪陸軍造兵廠へ向かった爆撃機の多くは、上空の視界不良を理由に空爆を断念し、基地に帰投した。

八月一四日の第八回大阪大空襲は、「京橋駅空襲」ないしは「京橋空襲」の別称がある。一四五機のB－29が来襲し、改めて大阪陸軍砲兵廠を狙った爆撃であった。一トン爆弾を集中的に投下した結果、造兵廠は壊滅的な被害を受けた。また、陸軍第四師団司令部のあった大阪城も被害を受け、二番櫓・三番櫓・坤櫓《ひつじさるやぐら》・伏見櫓・京橋口多聞櫓など多くの歴史的建造物を焼失した。造兵廠の北東に位置する京橋駅周辺にも、四発の一トン爆弾が着弾した。城東線の高架を突き破って炸裂し、片町線ホームに避難していた乗客たち数百人が命を落とした。

都心や工場地帯は焼き払われた。「大大阪」と呼ばれ、東アジア最大規模の大都市として繁栄を謳歌した大都会は灰となった。船場や島之内などの焼け跡を撮影した写真からは、鉄筋コンクリート造の建物の軀体や土蔵だけが残った様子がわかる。

職場で整列し、玉音放送を聞く人たち。湯浅蓄電池製造（現・GSユアサ）の高槻工場にて（大阪府高槻市、1945年８月15日撮影）

神戸は三度の、姫路は二度の大空襲で焼き払われた。また西宮・芦屋を目標としたもののうち、八月六日の空襲は「阪神大空襲」とも言われる。京都市内にも空襲があった。一月一六日から一七日にかけての「馬町空襲」、六月二六日の「西陣空襲」などである。本書でも、馬町や西陣への爆撃で焼失した住宅の写真を掲載している。また、京都府下では、軍港のあった舞鶴が目標となった。戦争末期に数回の空襲があり、二〇〇人以上の死者を出している。

米軍の爆撃は、史跡や文化財も目標となった。姫路城天守は残ったが、和歌山城は主要な建物をすべて失った。室戸台風で倒壊したのちに再建された四天王寺の五重塔など伽藍も烈火に包まれた。

3　占領政策と接収

一九四五年（昭和二〇）八月一五日、日本の無条件降伏を受けて第二次世界大戦は終結した。米軍を主体とする連合軍による日本の占領統治は、先遣隊が厚木に進駐を行った同年八月二八日に始まる。

関西では、九月二五日に和歌山に米軍が上陸し、陸路で関西各地に向かった。戦時下にB－29が散布した機雷によって大阪湾が封鎖状態にあったため、和歌山から入らざるを得なかった。

GHQは日本政府に建造物の包括的な調達要求を行った。都心では、戦災の被害が限定的であった堅牢なビル群が接収された。日本生命ビル、朝日ビルディング、安田ビルディングをはじめ、船場や中之島に立地する主要なビルディングは進駐軍の使用するところとなった。京都では、大建ビルや京都府庁、京都市勧業館、京都市商品陳列所、大礼記念京都美術館（現・京都市美術館）、楽友会館などが接収された。神戸イーストキャンプ、神戸ウェストキャンプ（キャンプカーバー）、キャンプ大津、キャンプ奈良、キャンプ堺など、各地に占領拠点が確保された。港湾や空港、駅などもGHQの管理下に置かれた。たとえば空港では、伊丹飛行場、大正飛行場（現・八尾空港）など既存の施設が占領軍に押さえられた。加えて、大阪都心に靫《うつぼ》飛行場が新設された。

占領下における統治機構は、上位からＧＨＱ、軍、軍団、師団の階層になる。東京にＧＨＱの総司令部が置かれた。当初、占領軍は、横浜に第八軍司令部を、京都の大建ビルに西日本を統括する第六軍の司令部を設けた。第六軍が一九四五年一二月末に日本から朝鮮に移ったため、横浜に司令部を置く第八軍が日本全土を統括するかたちとなる。

関西では当初、大阪の住友ビルに第六軍第一軍団司令部が置かれた。その後、第六軍が朝鮮半島に移るのに応じて、第八軍第一軍団司令部が京都の大建ビルに移転してくる。第八軍第一軍団のもとに、師団が設けられた。大阪には当初は第六軍第一軍団に属する第九八師団が駐留し、一九四五年一〇月二〇日までに約二万八〇〇〇人の米兵が府下各地に駐留したという。翌年には第八軍第一軍団第二五師団に交代する。近畿・東海・北陸地方を統括する第二五師団の司令部は日本生命ビルに設けられた。

占領・統治が進むにつれ、実際に現地を統括する組織の主軸は、軍隊（軍・軍団・師団）から行政部門の軍政部に移っていく。近畿軍政部は、一九四九年（昭和二四）に京都から大阪に移転する。近畿軍政部は大阪の安田ビルに置かれた。

このように、統治機構は年を経るごとに転変するが、関西における占領政策の中枢機能は、京都と大阪で分担したと言ってよいだろう。

いっぽうで兵舎を大量に確保する必要性が生じた。また一九四六年二月に家族の入国も許可されたことを受けて、将校や家族のための住まいも必要となる。新大阪ホテルや京都ホテル、都ホテル、京都ステーションホテル、甲子園ホテル、宝塚ホテル、トアホテル、琵琶湖ホテル、奈良ホテルなど、各都市にある主要なホテルが接収の対象となった。

また富裕層の邸宅や別荘を収用して、欧米流の生活に沿って改築のうえ、将校が「家族用住宅（ディペンデントハウス、通称ＤＨ）」として使用する場合もあった。京都の事例では、家屋のすべてを連合軍の家族が使用する「完全接収」と、主屋をＧＨＱに提供するが、同じ敷地内の別棟に日本人の所有者家族が暮らす「部分接収」があったという。

また大典記念京都植物園（現・京都府立植物園）や大阪府の浜寺公園のように、収用した公園内に戸建て住宅群を新築して提供されることもあった。たとえば「浜寺ＤＨ（浜寺ハウス）」は、第八軍第二五師団の下士官用家族住宅である。浜寺公園内の五七万平方メートルの用地に、一一九棟二二五戸の木造住宅のほか、教会・学校・劇場・クラブ・電信局・消防署など三一棟の公共施設が建設された。大林組の社史によれば、工事は大林組が銭高組、浅沼組と共同で請け負い、一六か月の工期と延べ一一六万人の労働者を用いて、一九四八年一月に引き渡しを終えたという。建築工事に一億六〇〇〇万円、設備工事に一億二五〇〇万円を費やした。軍専用の水道、ガス、電気を引き、各戸とも台所にガスレンジ、ガス瞬間湯沸かし器、電気冷蔵庫を設備した。水道、ガス、電気などはすべて軍専用のものであった。

米軍関係者の生活を支え、娯楽に供する施設も必要となった。たとえば大阪では、心斎橋のそごう大阪本店はＰＸ（購買部）、千日前の大阪歌舞伎座は進駐軍専用のキャバレーとして利用された。中之島の大阪市中央公会堂も、将校が利用するダンスホールなどで使用したいと申し出があったが、民主化に向けて市民の集会場が不可欠と大阪市会で議論がなされ、接収を免れたと伝えられている。京都市内では祇園と先斗町の歌舞練場、京都宝塚劇場が、神戸市内では大丸神戸店やそごう神戸店がＰＸなど多目的用途で、阪神間では甲子園球場も接収された。

一九五一年（昭和二六）九月八日、サンフランシスコ講和条約が調印される。翌年四月二八日の発効を受けて主権が回復し、六年八か月に及ぶ占領統治がようやく終わる。本書でも、「独立」を祝う嬉しそうな人々の表情を撮影した写真を収録している。

ただしその後も、米軍が継続して使用した施設もあった。一例が朝鮮戦争の前線から送られてくる軍事病院「キャンプ堺」として利用された大阪商科大学（現・大阪公立大学）杉本学舎である。キャンパスの接収が解除され返還式が行われたのは、一九五五年（昭和三〇）九月一〇日であった。

4　大阪の復興計画

米軍の空爆を受けた各都市で、復興計画の策定が急がれた。占領下にあった政府も動き出す。早くも一九四五年（昭和二〇）一二月には、戦災復興院による「戦災地復興計画基本方針」が閣議決定された。

もっとも、実際の復興事業は、国の補助のもとに各自治体に委ねられた。結果、都市ごとに異なる復興事業が展開される。都市計画に重きをなした名古屋や広島では広幅員の道路網が実現した。対して東京などでは、当座の住宅や食料確保が優先された。

空襲によって市域の二七％が焦土と化した大阪市では、政府に先んじて一九四五年九月に独自の「復興局」を設置し、特別都市計画法のもとで復興計画を立案する。学識経験者・市民代表・関係部局による委員会を設置して、将来も港湾を中心とした商工都市として発展させることが確認された。委員の一人であった近藤博夫は、一九四七年（昭和二二）四月の選挙で市長に当選し、自身が参加し立案した復興計画の具体化に尽力することになる。

復興計画は、総計六四路線からなる復興都市計画道路、四六工区、総面積六一〇七ヘクタールに及ぶ戦災復興土地区画整理事業、一一二か所の総面積八二四ヘクタールの公園整備事業などから構成される。街路計画では幅員四〇～五〇メートルの南北幹線を二本、幅八〇メートルの東西幹

戦災者用の学校住宅（大阪市、1946年２月撮影）

線を新設して、およそ一キロメートルごとに幹線道路が通る街路網の実現を目指すこととなった。交通計画では地下鉄網の拡大と、国鉄城東線を環状化する事業の即成がうたわれた。

計画では、三〇〇万人を超過した戦前期における都心の過密化を問題とし、大阪市内の適正な人口を二〇〇万人、一平方キロメートルあたり一万一〇〇〇人に抑える方向性が示された。同時に隣接する市街の「集落地域」などに計画的に人口を分散し、均衡をはかりながら合計五〇〇万人の都市圏とすることが前提となった。しかし実際には、一九五〇年（昭和二五）一〇月一日に実施された国勢調査において、大阪の人口は一九五万人を数え、さらに一九五五年（昭和三〇）には第三次市域拡張として隣接する六町村を編入し、人口は二五五万人を超えることになる。

5　復興博覧会と「母子の街」

敗戦直後の大阪にあって、急務となったのが住宅の復旧である。戦災で倒壊・焼失した家屋は三一万戸を数え、全戸数の過半が失われたと推定された。不足した住まいを補うべく、応急住宅が用意された。学校・市場などを間仕切りし、炊事場・便所を増築したものや、廃車となったバスを転用した例もある。あまりにも窮したがゆえの創意工夫であった。

新たな住宅の提供と復興市街地のモデルを示すべく、毎日新聞によって「復興大博覧会」が実施された。会期は一九四八年（昭和二三）九月一八日から二か月間、戦災を受けた上本町八丁目、いわゆる夕陽丘一帯が会場になった。

入場料は福引券付き前売り入場券七〇円、当日券大人八〇円、小人三〇円で、一一月一七日の閉会まで、六一日間の会期中に入場者は一六〇万人を数えた。

地主二四〇人が主催者に協力し、会場には、復興館、外国館、文化館、観光館、科学館、農業・水産・日立館産業館、教育館、記念館、兵庫館、西日本館、電気館、自転車館、自動車館、農業機械館、衛生館、京都館・印刷文化館などの特設館が建設された。開幕を報じる新聞は「焼跡に生れた『復興街』　夕陽ケ丘に輝くモデル・シティ」と報じた。

イベントの終了後、展示館を一般に売却し、商店、病院などに再利用をはかり、閉会後は敷地を区切る柵を撤去して、そのまま復興のモデル市街地として利用する趣向がユニークであった。理想住宅や店舗付き住宅の現物展示もあり、期間中に即売が行われた。

毎日新聞　昭和23年9月19日　(日曜日)

焼跡に生れた『復興街』

『ほう大がかりだネ』

夕陽ヶ丘に輝くモデル・シティ

二大臣もニコく

復興博ニュース

脱税三千万円

復興大博覧会を大きく報じる記事（毎日新聞朝刊1948年９月19日付）

自動車館には、大型トラック、乗用車、バス、オートバイ、三輪車、四輪車、スクーターなどが陳列された。農業機械館では脱穀調整機、動力製莚機、製縄機、精米機などを展示し、その場で購入を申し出る人も少なくなかった。京都館は、軍港から引き揚げ港に転換した舞鶴港のパノラマ模型が目玉であった。

観光館では、元禄模様の提灯を吊り下げて祝祭気分を演出した。国鉄や日本交通公社、全日本観光連盟による観光写真の壁面展示、大阪市を中心とした関西の大パノラマ、トヨタの乗用車の展示、模型電気機関車の走行、模型汽船の水上走行のほか、パンアメリカン航空が提供したカラー映画の上映などもあった。

宝塚花組公演、大劇ＯＳＫ公演、漫才大会、浪曲大会、学生軽音楽大会、伊勢音頭や因幡傘おどりなどの郷土芸能、阪東好太郎劇団の上演、長谷川一夫特別出演、相撲祭、ＢＫ（現・ＮＨＫ大阪放送局）のラジオの街頭録音、ライトプレーン競技大会、素人のど自慢大会、「ミス復興祭」選定大会などさまざまな余興が実施された。藤山一郎は博覧会のテーマソングである復興記念歌『恋し大阪』（作詞サトウハチロー、作曲古関裕而）を歌った。四番の歌詞に「こがれこがれた復興ぶりを　夕陽ケ丘から眺めれば　白い小窓に小路の青さ　どれも二人のためにある」とある。

もっとも人気を集めたのが、東京芝浦電気製作所が出展したテレヴィジョンの実演である。一日三回、平均一時間ずつ公開されたが、終日長蛇の列となるほどの人気であった。進駐軍のＰＸは、コカコーラ、ビスケット、クラッカー、缶詰、煙草、チョコレート、衣料、靴、台所用品などを特別に出品した。

日替わりの催事もあった。「南海・阪神デー」には、プロ野球選手の歌唱とサイン会が行われた。「証券民主化デー」では入場者にラッキーカードが配布され、当選者には、栗本鉄工や大阪機械、東洋ベアリング、光陽精工、椿本チエインなどの株券が手渡された。「自転車デー」には一〇台の自転車が、「農業感謝デー」では、脱穀機製粉機、製麺機、発動機などが景品として提供された。

前売り入場券の購入者に向けた福引の抽選会も行われた。商品は一等が会場内南西隅に建設された懸賞住宅、二等が嫁入り道具一式であった。抽選会場には、「こんなものが当たったら直ぐにも結婚できるのに」と眼で語り合う若い男女の姿もあったという。

博覧会の終了後、復興館は天王寺郵便局に、観光館は「大阪市文化館」という文化厚生施設として利用された。また第二衛生館は白百合文化学院が購入し、女子教育の学び舎となった。会場内に設けられた八六戸の店舗付き住宅も販売され、跡地は復興市街地として整備がなされた。

中核となったのが、大阪府による「母子の街」の建設である。府は復興博の展示館のうち五棟を購入し、母子寮のほか、夫人の生活改啓、育児保健の指導、技術や職業の指導斡旋、娯楽、修養の設備などを設けて、「戦争犠牲者の母子を対象として一大楽園」「日本ではじめての母と子のセンターランド」とする計画を立てる。

京都館・印刷文化館および科学館の一部を、戦争未亡人や遺児、引き揚げ者の母子など四〇世帯一二〇人を収容する「モデル母子寮」に転用した。貿易館は、乳幼児一五〇人を受け入れる「モデル保育所」に、農業・水産・日立館は三五〇人が洋裁や和裁、英文タイプやラジオの組み立てを学ぶ「婦人公共職業補導所」に、外国館は新しい生活様式を指導する「家庭生活科学館」に改築された。

戦後復興期にあって、毎日新聞社が主催した事業ではもっとも話題となった復興博覧会の様子は、本書にも多くの写真を掲載した。苦しい生活のなかでも娯楽を求める人々を撮影したスナップが、今も数多く残されている。

６　戦禍を繰り返さないために

私は戦後の生まれだが、親から戦争の悲惨さと敗戦後の生活の苦しさについて聞かされながら育った。親から子へ、子から孫の世代へと、恒久平和をかたちにするためにも、戦禍の恐ろしさを伝え、復興期の様子を記録する資料の発掘がさらに必要であると考える。

毎日新聞社にある写真を利活用するうえで、復興期に関するビジュアル本である本書を企画した背景には、個人的に公益財団法人大阪国際平和センター「ピースおおさか」のお手伝いをさせていただいていることがある。

大阪国際平和センター「ピースおおさか」は、一九八一年（昭和五六）に設けられた「大阪府平和祈念戦争資料室」を前身とする。「ピースおおさか」は、大阪府・大阪市共同事業として一九九一年九月に開館し、中庭には戦災で死亡した市民の名前を刻む追悼施設「刻《とき》の庭」を設けている。開館から三〇年になる二〇二一年には、同館の設計思想などを回顧する記念講演の講師役を担わせていただいた。

「ピースおおさか」は、戦争で亡くなった人たちの「追悼・祈念の場」とするとともに、歴史的事象を現代から未来の問題へとつなぐ視点をもって、「世界平和をめざす大阪のシンボル的施設」とすることなどが使命とされた。多くの方から寄せられた資料を保管しているが、空襲時や占領下の大阪に関しても、継続して関連資料の収集を進め、研究を深める必要がある。本書に収めた写真が、同館の活動に少しでも貢献できればと思う。

毎日新聞社は以前、『日本空襲　記録写真集』（一九七一年）という本を編んでいる。大阪や神戸の空襲の激しさと、焦土となった都市の様子も掲載されている。大阪本社や神戸支局の記者による回想記も掲載する。空爆の被害者への追悼と、戦禍を繰り返さないために重要な出版企画であったと思う。全国の空襲を記録した写真集としては、戦後、最初に編まれたものである。本書は、その精神を継承するものでもある。

本書の写真選定作業を通じて、従来、大阪大空襲や占領下の大阪や関西を伝える写真として、これまでにさまざまな媒体で使用されている著名な写真のうち、毎日新聞が初出であるものが何点もあることが確認できた。著作権の意識が現在ほど厳密ではない時期に、新聞社が展覧会や他社での出版に貸し出し、権利関係を明記しないままに、一般に流出した写真が多くあるわけだ。

本書の刊行を契機に、大阪・関西にあってもさらなる占領期に関する資料の発掘が進展し、研究の深化がはかられることを願うばかりである。

二〇二二年四月二八日

日本が主権回復してから七〇年目の節目に

大阪公立大学研究推進機構特別教授　橋爪紳也

第1章
大空襲と焼け野原

京都・馬町空襲で破壊された東山区馬町渋谷通付近の住宅（京都市、1945年１月16日撮影）

第１回大阪大空襲（以下29ページまで同様）で雨のように落下する焼夷弾。北区堂島の毎日新聞大阪本社屋上から（大阪市、1945年３月14日撮影）

猛火に包まれた桜橋付近。北区の桜橋消防署望楼から（大阪市、1945年３月14日撮影）

炎上する大阪美術会館。御堂筋沿いの淡路町にあったが焼失し、戦後に大阪美術倶楽部として今橋に移転した（大阪市、1945年３月14日撮影）

北御堂（本願寺津村別院）の伽藍はことごとく焼失した。右端には焼け残った釣鐘が見える。右奥は大阪ガスビル（大阪市、1945年３月撮影）

戎橋上から東方に道頓堀川両岸の焼け跡を望む。左は宗右衛門町、右は西櫓町（現在の道頓堀通り）の一帯（大阪市、1945年３月14日撮影）

戎橋北詰から東方に宗右衛門町の焼け跡を望む。中央奥の建物は新大和屋。右端から２つ目のビルは道頓堀名画劇場（大阪市、1945年３月14日撮影）

壊滅的な被害を受け、煙がくすぶる焼け跡を横目に、被災地を歩く人々。右端には御堂筋と本町駅入口、下中央には焼失した北御堂と焼け残った釣鐘が見える（大阪市、1945年 3 月14日撮影）

空襲で炎上し骨組みだけになった市電の車両。堺筋付近（大阪市、1945年 3 月14日撮影）

大きく破損した右端の建物には「近畿日本鉄道　案内所」の看板。戎橋電停付近から戎橋筋の北方を見る。左奥の建物は松竹座（大阪市、1945年３月14日撮影）

戎橋南詰から東方へ道頓堀通りを望む。右端は魚すきが名物の鍋料理屋「丸万」、その後方に「中座」（大阪市、1945年３月撮影）

本殿が焼け落ちた生国魂神社の境内（大阪市、1945年３月撮影）

焼失した四天王寺五重塔跡。1934年の室戸台風で倒壊し、1940年に再建したばかりであった（大阪市、1945年３月撮影）

撃墜したB-29のプロペラと発動機部分。堺筋の順慶町通付近（大阪市、1945年３月14日撮影）

焼け跡を片づける人々と、士気を鼓舞する張り紙（大阪市、1945年３月14日撮影）

シャベルを肩にかつぎ、焼け跡の整理に向かう警防団員ら。渡っている橋は淀屋橋または大江橋か（大阪市、1945年 3 月14日撮影）

避難所では握り飯が配られた。受け取る子どもたちやお年寄りには笑顔も（大阪市、1945年 3 月14日撮影）

がれきが散乱するなか、裸足にサンダル履きで焼け跡を片づける少年（大阪市、1945年 3 月14日撮影）

焼け跡の整理をする警防団員ら（大阪市、1945年３月15日撮影）

無事に残っていた米袋を取り出してもらい、受け取る女性（大阪市、1945年３月15日撮影）

バケツリレーで消火する元町２丁目隣組の人たち（神戸市、1945年３月17日撮影）

3月17日未明の神戸大空襲で焼け野原となった元町商店街。左端は紳士服・婦人服店の奈良山（神戸市、1945年3月撮影）

「楠公の霊地だ、断じて守れ」。新開地の焼け跡に湊川警察署が据えた立て札（神戸市、1945年3月17日撮影）

安否や避難先を告げる張り紙。元町6丁目り組は全員無事などと記されている（神戸市、1945年3月17日撮影）

宗右衛門町の芸妓も道具を手に防火活動に参加。警報受領所にて（大阪市、1945年４月18日撮影）

５月11日の神戸大空襲で負傷者を運ぶ学生たち。西宮市や芦屋市など阪神地区でも被害を受けた（兵庫県芦屋市、1945年５月11日撮影）

空襲で焼け出され、運び出した七輪で食事の支度をする女性。貝殻でつくったしゃもじが見える（兵庫県阪神地区、1945年５月11日撮影）

第２回大阪大空襲で、猛爆を受け燃え上がる曽根崎新地の一帯。北区堂島の毎日新聞大阪本社屋上から（大阪市、1945年６月１日撮影）

焼け落ちた電柱や電線が無残な姿をさらし、廃墟となった街。福島区付近（大阪市、1945年６月１日撮影）

６月５日の神戸大空襲で、国際道路（現・フラワーロード）に面した一帯も被災。そごう前から神戸税関方面までレールとコンクリート造の建物のみが残った（神戸市、1945年６日５日撮影）

つるはし、鳶口（とびぐち）などを手にトラックで移動する兵士。西灘付近（神戸市、1945年６日５日撮影）

焦土と化した元町通１丁目の商店街。左奥は大丸（神戸市、1945年６日５日撮影）

撃墜され捕虜となったB-29の搭乗員。足元には不時着水用のゴムボートが見える。三菱造船所付近（神戸市、1945年６日５日撮影）

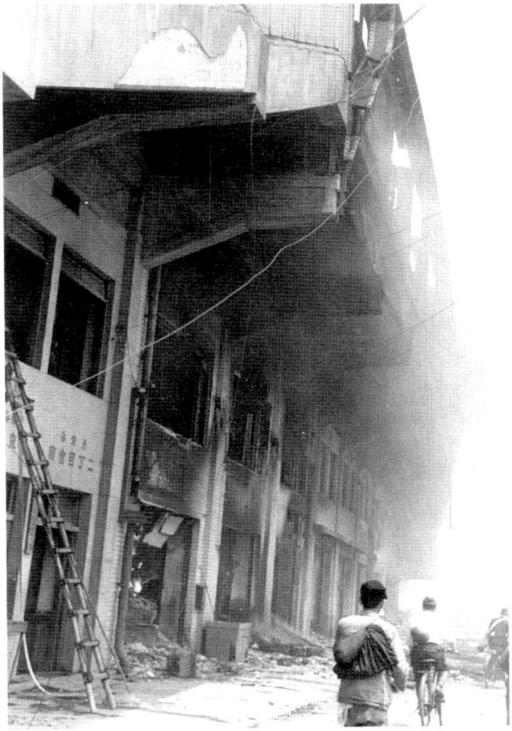

元町高架下の商店街も炎上した。戦後はこのガード下が闇市となった（神戸市、1945年６日５日撮影）

第３回大阪大空襲で、出動したものの水が出ず、火勢を見守るだけの消防隊。松屋町筋付近（大阪市、1945年６月７日撮影）

大阪城内も空襲に見舞われた。手前は乾櫓、左後方のシルエット状の建物は、後日の空襲で焼失した伏見櫓と思われる（大阪市、1945年６月７日撮影）

6月5日の空襲で落とされた焼夷弾の残骸が路上に散乱（神戸市、1945年6日7日撮影）

空襲を報じる毎日新聞の無料配布に列をつくる被災者たち（神戸市、1945年6日7日撮影）

荷車を引いていた馬が爆風に飛ばされて死んだ。産業道路にて（大阪府豊中市、1945年６月７日撮影）

海軍警備府の炊き出し部隊からおにぎりを受け取る人たち（大阪市、1945年６月７日撮影）

鳴尾村にあった川西航空機の工場も空襲で壊滅的な被害を受けた（兵庫県西宮市〈当時は鳴尾村〉、1945年6月9日撮影）

第4回大阪大空襲で。建物にはしごをかけて、懸命に消火活動をする人。北区付近（大阪市、1945年6月15日撮影）

大型爆弾によって多数の家屋が全壊し、地面に大穴があいた。刀根山の住宅地にて（大阪府豊中市、1945年6月撮影）

第5回大阪大空襲で、大きな白煙と黒煙を上げる福島区一帯。毎日新聞大阪本社屋上から（大阪市、1945年6月26日撮影）

新淀川に架かる淀川大橋も大破した。この日の爆撃により、市内の交通網は大きく寸断された（大阪市、1945年６月26日撮影）

京都・西陣空襲で全壊した住宅跡を見に来た人たち。上京区出水町付近（京都市、1945年６月26日撮影）

７月10日の堺大空襲で、堺市街も焼け野原となった。堺市役所屋上より（大阪府堺市、1945年７月10日撮影）

7月7日の明石空襲で、川崎航空機の工場が狙われ、明石市街の大半が焼失した（兵庫県明石市、1945年7月8日撮影）

第７回大阪大空襲で大破した国鉄森ノ宮駅のホーム（大阪市、1945年７月24日撮影）

ひしゃげた鉄骨だけになった住友電工の工場と、負傷者を運ぶ人たち。此花区島屋付近（大阪市、1945年７月24日撮影）

ささやかな量の野菜の配給に駆けつけた隣組の人たち（兵庫県尼崎市、1945年８月９日撮影）

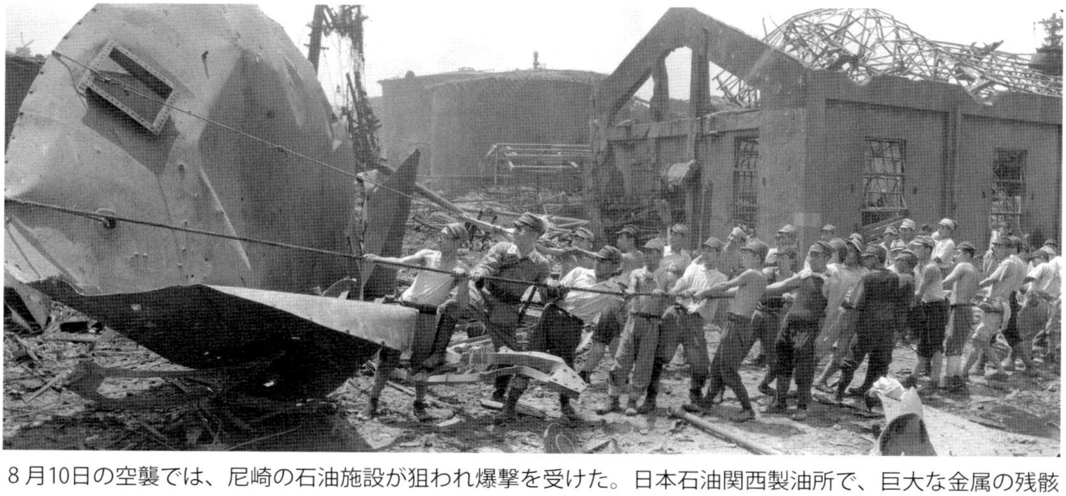

８月10日の空襲では、尼崎の石油施設が狙われ爆撃を受けた。日本石油関西製油所で、巨大な金属の残骸を大勢で引っ張り動かそうとしている（兵庫県尼崎市、1945年８月10日撮影）

終戦前日の第８回大阪大空襲で、B-29の集中爆撃を浴びた大阪砲兵工廠（大阪陸軍造兵廠）。右奥は大阪城天守閣（大阪市、1945年８月14日撮影）

大阪砲兵工廠付近の被災家屋を大勢で片づける（大阪市、1945年８月14日撮影）

終戦直後に空撮された難波一帯の惨状。左下は南海難波駅と、高島屋が入っている南海ビルディング、中央右端に大阪劇場と大阪歌舞伎座が見える（大阪市、1945年10月13日撮影）

廃墟と化した神戸の街で焼け残った回教寺院（神戸ムスリムモスク）、中央奥は中山手カトリック教会（神戸市、1945年10月撮影）

７月３日の姫路大空襲で甚大な被害を受けた終戦直後の姫路市街。中央奥には木造建築でありながら奇跡的に焼け残った姫路城の天守が見える。手前は山陽電鉄の姫路駅（兵庫県姫路市、1945年10月撮影）

7月9日の和歌山大空襲によって、骨組みだけになった丸正百貨店（和歌山市、1945年10月撮影）

和歌山大空襲で、天守などほとんどの建物が焼失した和歌山城（和歌山市、1945年10月撮影）

米軍機から撮影された神戸中心市街地の空襲被害状況。中央が三宮駅、奥が神戸港（神戸市、1945年10月撮影）

外壁と骨組みを残して全焼した中山手カトリック教会。1870年に建てられた神戸最古の教会建物であった（神戸市、1945年12月撮影）

「進駐機に同乗・空から戦災大阪を一望」

毎日新聞朝刊1945年10月15日付

大戦末期、一九四五年三月から八月にかけ、大阪市街は八回にわたる大空襲で焼き尽くされた。堂島にあった毎日新聞大阪本社の旧社屋周辺も焼け野原になった。本書の第一章には、一九四五年三月一四日の第一回大阪大空襲の際、屋上から撮影された貴重な写真を収録している。焼夷弾が炎を引いて落下する様子を捉えたもので、空襲にもひるまず撮影を続けたカメラマン魂には率直に頭が下がる。

終戦から二か月後、一九四五年一〇月一五日付朝刊に、終戦後、初めての日本人として米軍機に搭乗し、大阪市街を視察したという記事が掲載された。記者とカメラマンが米軍の軽飛行機二機に分乗し、伊丹空港を離陸して、淀川河口から大阪市内へ向かい、「廃墟と化した大阪の上空を飛翔」とある。「煙霧のさなかに甍《いらか》の波が続いていた大阪の街は今はただ赤ちゃけた荒れた煉瓦敷に石ころが散らばっている感じで……」「桜島あたりの罹災工場は針金の網に似た残骸ばかりだ」「四天王寺は敷石だけだ」などと焼け跡を描写している。書き出しには「米第一軍団司令部の好意で」とあった。記者の心中には焦土を目撃した衝撃や悔しさ、無情さも湧き上がってきたであろうが、記事中にはそういった感情的な記述は一切省かれている。

新聞社の航空取材の歴史は古いが、進駐軍によってすべての航空業務は禁止された。再開が認められ、自社機による航空取材が復活したのは一九五二年のことである。

（山田泰正）

第2章 占領下の街

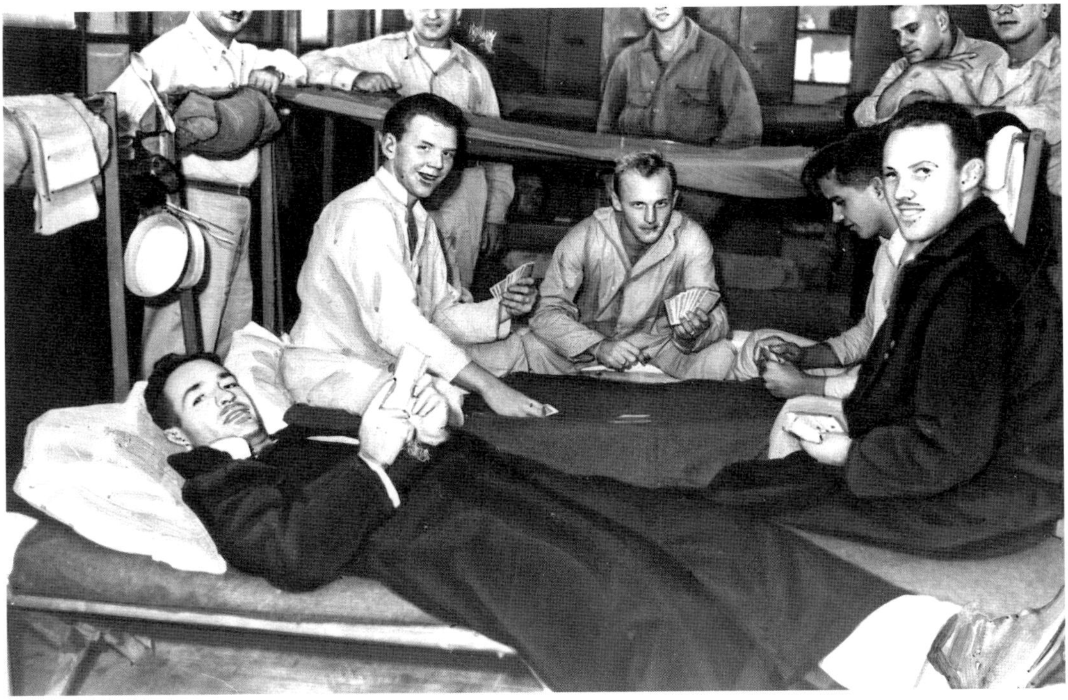

トランプをしてくつろぐ米軍の元捕虜。上宮中学（旧制）にて（大阪市、1945年８月撮影）

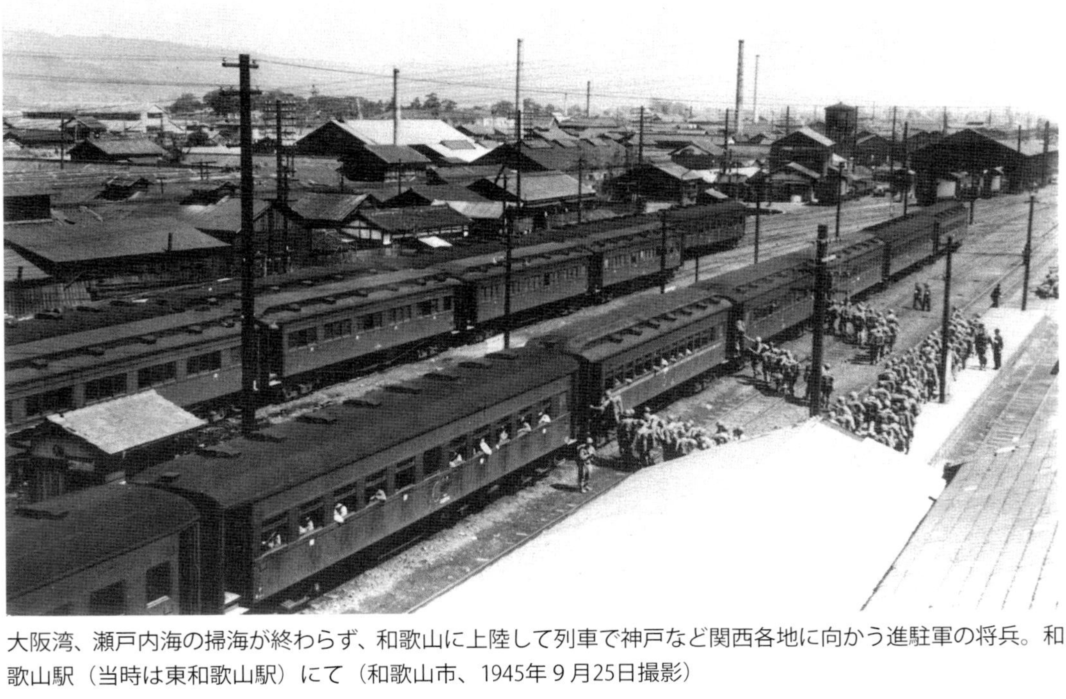

大阪湾、瀬戸内海の掃海が終わらず、和歌山に上陸して列車で神戸など関西各地に向かう進駐軍の将兵。和歌山駅（当時は東和歌山駅）にて（和歌山市、1945年９月25日撮影）

進駐軍による市民への給水の光景（大阪、1945年９月29日撮影）

大阪近郊の駐留地を行き来する進駐軍の装甲車（大阪、1945年９月30日撮影）

大阪のダンスホールで踊る米兵と日本人女性（大阪、1945年 9 月30日撮影）

東山ダンスホールで着物女性とダンスをする米兵（京都市、1945年10月撮影）

焼け跡が広がる街頭に、進駐軍用の英語道標が立てられた（和歌山市、1945年10月撮影）

進駐軍が和歌山軍政部を置いた和歌山県立医学専門学校附属病院（旧高島屋ビル）。手前の橋は和歌山城の一之橋（和歌山市、1945年10月撮影）

東大寺で、ひと撞き10銭を払って鐘を撞く米兵（奈良市、1945年10月２日撮影）

米軍が陸軍参謀本部、海軍省、大阪陸軍造兵廠（大阪砲兵工廠）などから押収した貴金属。日本銀行大阪支店に保管させた（大阪市、1945年10月８日撮影）

接収された大阪大正飛行場（現・八尾空港）のPX（売店）で列をつくる進駐軍の兵士たち（大阪府八尾市〈当時は大正村〉、1945年10月11日撮影）

伊丹飛行場は進駐軍に接収され「伊丹エアベース」となった。北西上空から南東方を望む（1945年10月13日撮影）

武装解除された大阪陸軍造兵廠枚方製造所の全景（大阪府枚方市、1945年10月21日撮影）

大阪陸軍造兵廠枚方製造所内に残された未完成の砲弾（大阪府枚方市、1945年10月21日撮影）

琵琶湖岸にあった海軍水上機基地。進駐軍により武装解除された（大津市、1945年10月16日撮影）

進駐軍第６軍第98師団の補給中隊で荷物を運ぶ日本人労働者。大阪大正飛行場にて（大阪府八尾市〈当時は大正村〉、1945年11月14日撮影）

大阪商科大学（のちの大阪市立大学、現・大阪公立大学）は接収され、「キャンプ堺」となった（大阪市、1945年11月14日撮影）

武装解除で焼かれる一式双発高等練習機（京都、1945年11月18日撮影）

伊丹エアベースの開港で編隊飛行を披露する米軍の航空隊（1945年11月24日撮影）

伊丹エアベースで分列行進をする米兵（1945年11月24日撮影）

軍楽隊も伊丹エアベースの開港を盛り立てる（1945年11月24日撮影）

ホテルの女性従業員を撮影する進駐軍兵士。京都・都ホテルにて（京都市、1945年11月撮影）

伊丹エアベースの開港に立ち合う米軍のウォルフ少将（1945年11月24日撮影）

接収されて進駐軍第６軍司令部（のちに第８軍第１軍団司令部）となった大建ビルの前を行軍する（京都市、1946年撮影）

大阪城天守閣を訪れた米兵たち（大阪市、1946年撮影）

元鳴尾競馬場本館の建物も進駐軍に接収された（兵庫県西宮市〈当時は鳴尾村〉、1946年２月撮影）

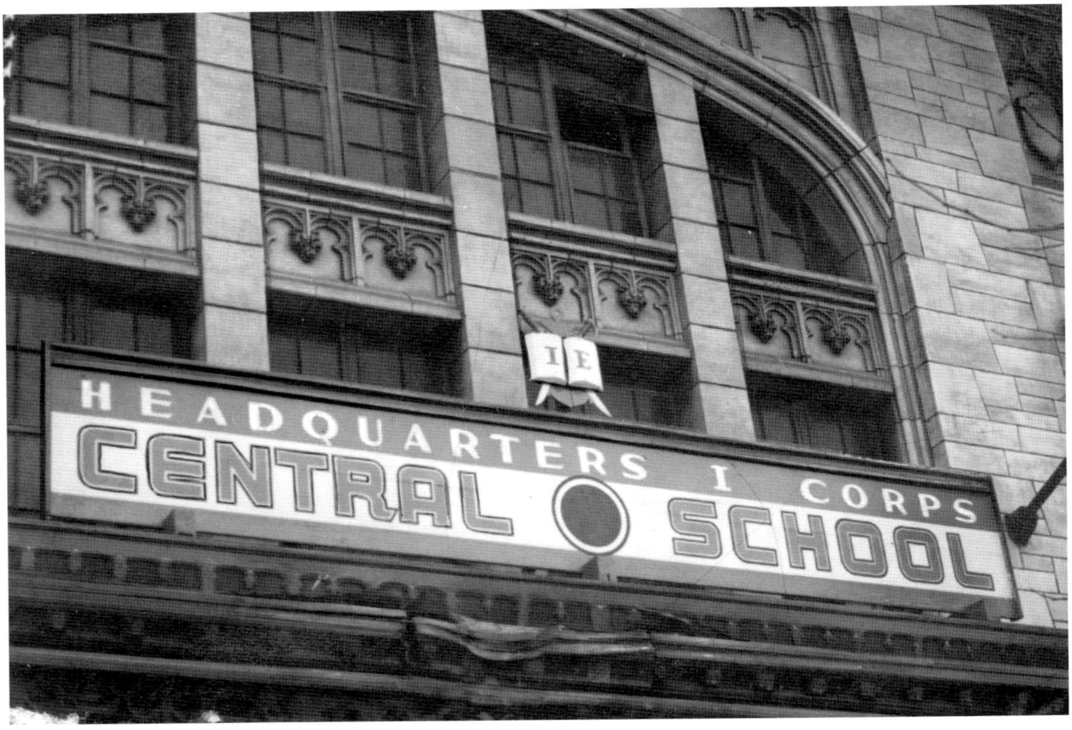

肥後橋の大同生命ビルも短期間、接収されていたことがこの看板からもわかる。接収解除後、進駐軍のPXとして接収された心斎橋のそごう大阪本店が、臨時の店舗として1946〜1952年まで間借りしていた（大阪市、1946年２月撮影）

米国教育使節団が奈良女子高等師範学校（現・奈良女子大学）を見学（奈良市、1946年３月撮影）

二条城の前は小型機の離発着に使われた。東南隅櫓前に米軍の小型連絡機が見える（京都市、1946年５月24日撮影）

京都入りした占領軍兵士と家族（京都市、1946年６月25日撮影）

米国独立記念日に御堂筋を行進する進駐軍（大阪市、1946年７月５日撮影）

米国独立記念日に大阪市庁舎前で祝砲を放つ野砲隊（大阪市、1946年7月4日撮影）

米国レイバーデーに進駐軍の兵士たちとその家族でにぎわう中之島（大阪市、1946年9月1日撮影）

進駐軍放出のチョコレートに喜ぶ施設の孤児たち。十三の博愛社にて（大阪市、1946年９月撮影）

進駐軍に土地を接収され、新設・造成中の靭飛行場。接収解除後に靭公園となった（大阪市、1946年11月撮影）

市電の車体に書かれた英語の注意書き。四条河原町にて（京都市、1947年３月撮影）

進駐軍払い下げの大阪市バス。上本町にて（大阪市、1947年４月撮影）

第19回選抜中等学校野球大会（翌年から高等学校に改称）の開会式で演奏する米軍ブラスバンド。甲子園球場にて（兵庫県西宮市〈当時は鳴尾村〉、1947年３月30日撮影）

第19回選抜野球の決勝戦を観戦する進駐軍兵士。背後に「進駐軍専用席」とある（兵庫県西宮市〈当時は鳴尾村〉、1947年４月７日撮影）

第20回選抜高等学校野球大会の閉会式で米軍ムリンズ少将からサインボールを贈られる選手（兵庫県西宮市〈当時は鳴尾村〉、1948年４月１日撮影）

大阪府庁舎前に到着した天皇陛下巡幸の車列。進駐軍の装甲車が警備（大阪市、1947年６月５日撮影）

梅田会館内にパンアメリカン航空の代理店があった。京阪神急行電鉄は阪急電鉄の旧社名（大阪市、1948年４月撮影）

天皇陛下を大阪駅で出迎えた米軍人（大阪市、1947年６月５日撮影）

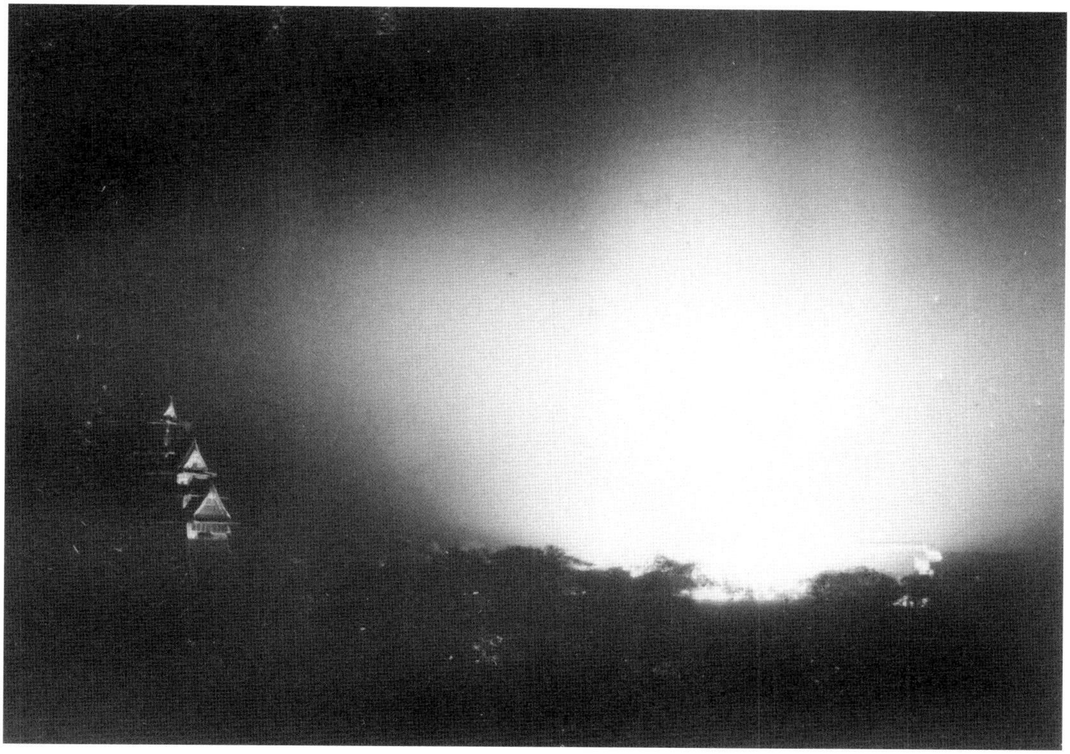

大阪城内にあった紀州御殿が進駐軍の失火により焼失した。正称は天臨閣で、1885年に和歌山城から大阪城に移築された書院造の建物であった（大阪市、1947年９月12日撮影）

米国メモリアルデーに京都市役所前で放たれた祝砲（京都市、1948年５月31日撮影）

灘区長峰台一帯にあったカナディアン・アカデミィの寄宿舎「グロセスターハウス」。英連邦進駐軍のレストランとして使われた（神戸市、1948年８月撮影）

第21回選抜高等学校野球大会の開会式にて、進駐米軍参謀長フーラー大佐の始球式（兵庫県西宮市〈当時は鳴尾村〉、1949年４月１日撮影）

米国からの食糧輸入の一番船が大阪港に入港（大阪市、1949年１月撮影）

接収された信太山旧陸軍兵舎の航空写真（大阪府和泉市、1949年３月撮影）

進駐軍キャンプ堺の航空写真。大阪商科大学（現・大阪公立大学）の敷地・建物が接収されたもので、堺市ではなく住吉区杉本町一帯にあった（大阪市、1949年10月10日撮影）

心斎橋のそごう大阪本店が接収され、大阪PXとなった。奥は大丸心斎橋店で、御堂筋に２つのデパートが並んでいた（大阪市、1949年12月撮影）

ひな飾りを見物する浜寺のアメリカンスクール生（大阪府堺市、1950年３月撮影）

生け花の稽古をする進駐軍将兵夫人。中之島の新大阪ホテル（現・リーガロイヤルホテル）にて（大阪市、1950年４月撮影）

大阪CIE（民間教育情報局）図書館で日本の子どもに絵本見せる米国婦人（大阪市、1950年９月撮影）

元有栖川宮別邸の舞子ビラも接収され、内部を洋式に改装された（神戸市、1950年11月撮影）

外国人専用のカジノ（神戸市、1951年撮影）

接収されていたトアホテル（オリエンタルホテル経営）が原因不明の火災により焼失。現在もトアロードにその名を残す（神戸市、1950年４月22日撮影）

第23回選抜高等学校野球大会の始球式で、海兵隊ヘリコプターからボールを投下（兵庫県西宮市、1951年４月１日撮影）

港区にあった大阪市立運動場にて、日米陸上競技大阪大会が開催された（大阪市、1951年７月撮影）

天神橋筋の火事で米兵が消火に協力（大阪市、1951年10月撮影）

北野劇場が接収され、米軍専用の映画館となった（大阪市、1951年10月撮影）

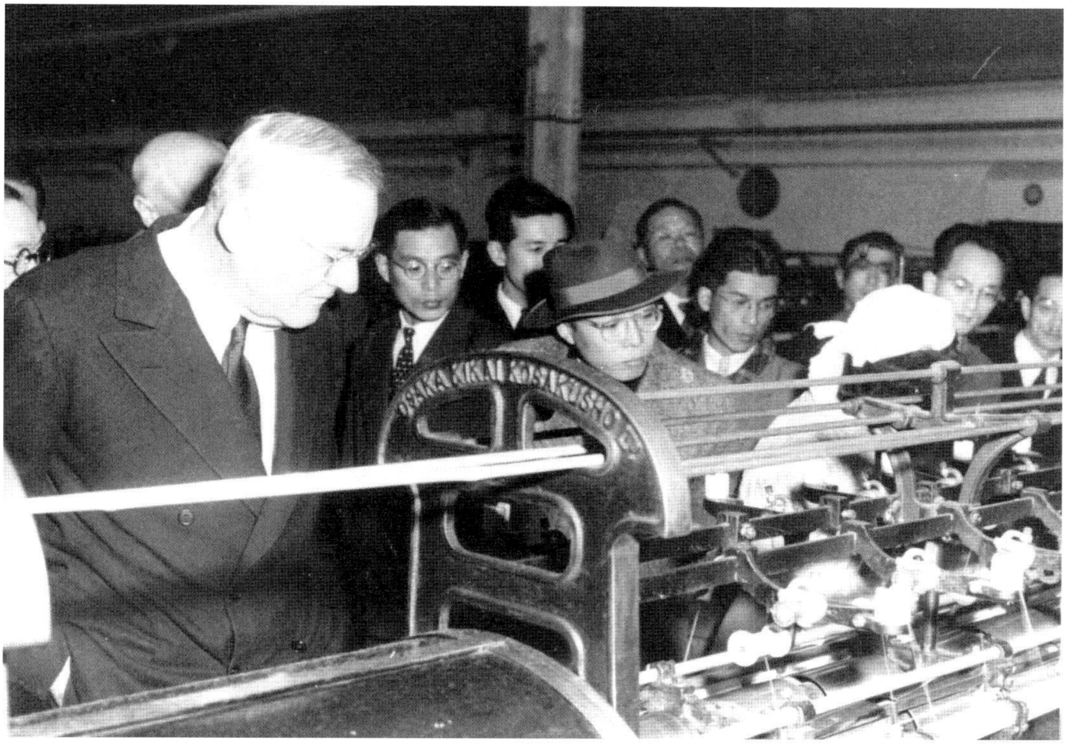

大日本紡績の貝塚工場を見学するダレス米大統領特使（大阪府貝塚市、1951年12月撮影）

昭和初期にイギリス人向けの高級住宅街として開発されたジェームス山（神戸市、1952年２月撮影）

接収解除直前の大礼記念京都美術館（現・京都市美術館）。警備に立つ人物の腕章に「SP」の文字がある（京都市、1952年４月撮影）

中之島の朝日ビルは接収され、民間検閲班が置かれた（大阪市、1952年１月撮影）

接収解除となり、国際港として再出発することになった神戸港メリケン波止場（神戸市、1952年４月撮影）

サンフランシスコ講和条約発効の日の京都・大建ビル。日米の国旗を掲揚している（京都市、1952年４月28日撮影）

接収解除を待つ聚楽館（左）。新開地のシンボルと言える存在で、接収後は進駐軍の劇場として使用された。奥の建物は映画館のテアトル神戸（神戸市、1952年５月撮影）

講和発効の日の神戸ベース司令部（神港ビル）に翻る日米両国旗（神戸市、1952年４月28日撮影）

大阪アメリカ文化センターの内部。中央に立つ女性は79ページ下の米国婦人と同一人物と思われる（大阪市、1952年５月撮影）

講和発効に伴い、高麗橋にあった大阪CIE図書館が閉鎖され、同じ場所で新たに大阪アメリカ文化センターが発足した（大阪市、1952年５月撮影）

接収解除された住友ビル。接収当初は第６軍第１軍団司令部が置かれたが、その後、用途が転々と変わり、解除時にはRRセンター（RRはRest & Recreationの略）が置かれていた。RRセンターはこの後、奈良市に移転する（大阪市、1952年６月撮影）

神戸イーストキャンプ。広大な敷地のすべてが接収解除となるのは遅れて、1956年のことであった（神戸市、1952年６月撮影）

接収され将校クラブとして使われた京都大学の楽友会館。学生による返還運動が起き、1952年に接収解除された（京都市、1952年８月撮影）

接収されていた靭飛行場が返還されて広大な空き地に。のちに靭公園となった（大阪市、1952年６月撮影）

接収解除された大建ビル（京都市、1952年８月撮影）

進駐軍第８軍第１軍団第25師団の司令部が置かれた日本生命ビル（当時の本館。現在の旧本館）。御堂筋から東方を望み、背後に生駒山地が見える（大阪市、1952年10月30日撮影）

大阪大正飛行場は1952年に阪神飛行場と改称し、一部で民間供用を開始した。この時点ではまだ接収解除されていない（大阪府八尾市、1952年12月撮影）

第30回全国学生相撲選手権大会が開催された堺の大浜相撲場。近くの浜寺ハウスから進駐軍家族も観戦に訪れた（大阪府堺市、1952年11月16日撮影）

クリスマスを孤児たちと過ごす進駐軍兵士。住吉区杉本町のキャンプ堺にて（大阪市、1952年12月撮影）

返還が待たれる京都第一赤十字病院（日赤病院）。接収解除となるのは1955年（京都市、1953年２月撮影）

伊丹エアベース付近の商店街。店の看板はすべて英語（1953年５月撮影）

御堂筋から南方を望む。左端に少しだけ写っているのが安田ビルで、進駐軍の近畿軍政部が置かれていた。その右隣が日本生命ビルの新館（現・本館）と本館（現・旧本館）で、接収解除されたがまだ星条旗が揚がっている（大阪市、1953年６月撮影）

大阪の住友ビルから奈良に移転してきたRRセンター。平城宮跡南方の工場跡地に設置されると、周囲に風俗店が急増し、地元住民の反対運動が起きた（奈良市、1953年７月撮影）

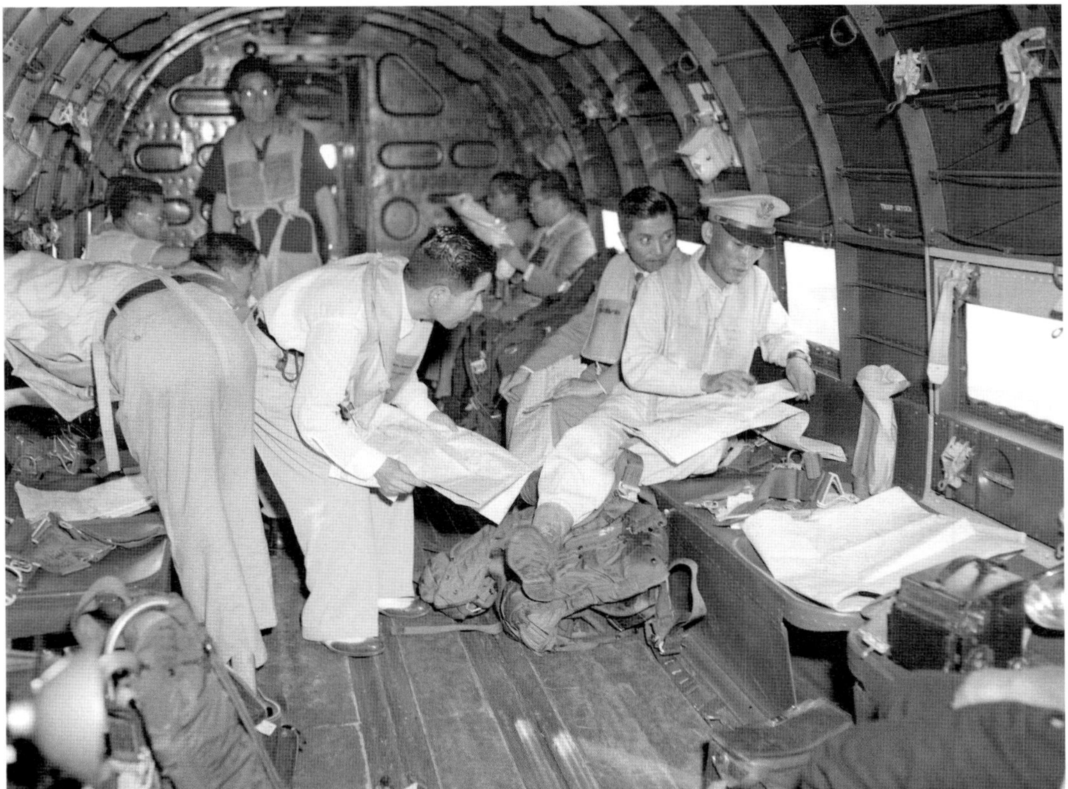

紀州大水害の被害状況を調査する米軍機に日本の職員や報道陣も同乗した（和歌山県上空、1953年７月19日撮影）

伊丹エアベースで、紀州大水害の被災地に向かう輸送機に米軍の荷物を積み込んでいる（1953年７月19日撮影）

京都駅前にできた国営ホテルで、外国人バイヤー専用の「ホテルラクヨウ」（京都市、1953年10月撮影）

木津川支流で起きた南山城水害で救援に駆けつけた米軍ヘリ（京都府和束町、1953年８月15日撮影）

まるで米国郊外の街のようになった伊丹エアベース付近の商店街（1953年10月撮影）

女性を自転車に乗せて走る米兵。伊丹エアベース付近（1953年10月撮影）

神戸RRセンターの進駐軍兵士と店員。住民の反対運動が起きた奈良から移転してきた（神戸市、1953年10月撮影）

朝鮮戦争の帰休兵でにぎわう神戸RRセンターのキャバレー（神戸市、1953年12月撮影）

双葉学園の戦災孤児たちと、神戸港を警備する米兵とのクリスマスパーティー（神戸市、1953年12月撮影）

もとは帝国座の建物で、接収され軍教会となっていた北浜教会（大阪市、1953年12月17日撮影）

キャンプ大津に勤務する米駐
留軍要員の日本人ガードマン
（大津市、1954年２月撮影）

米軍ヘリコプターを見学する施設の子どもたち（大阪市、1954年２月17日撮影）

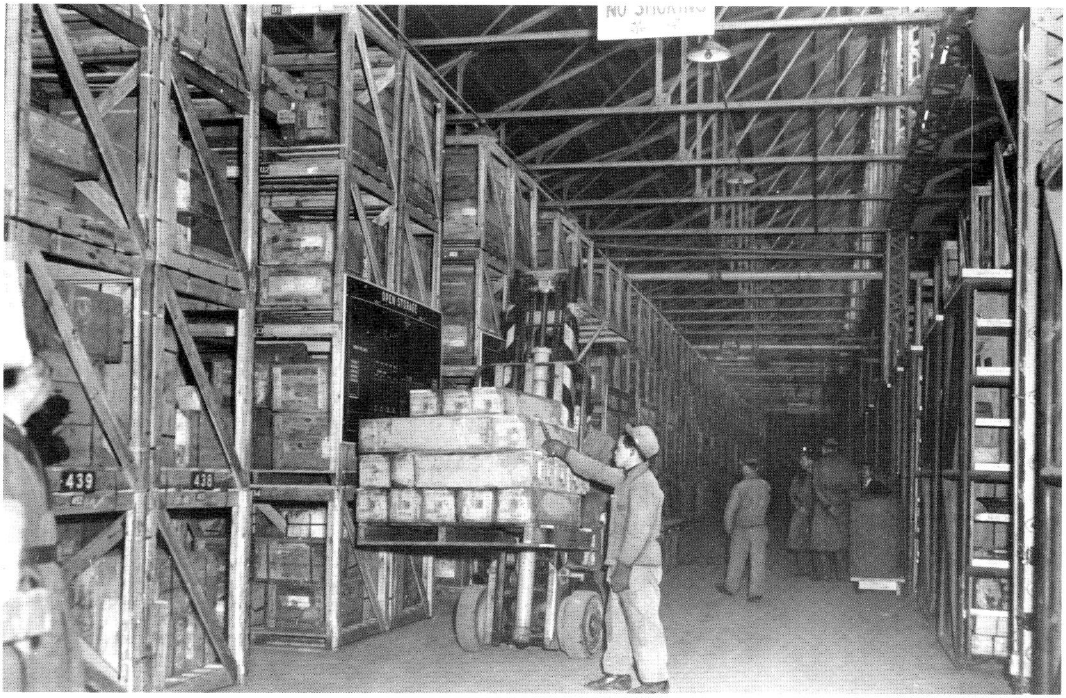

進駐軍の神戸補給廠が神戸港から尼崎に移転してきた。部品倉庫の内部（兵庫県尼崎市、1954年２月24日撮影）

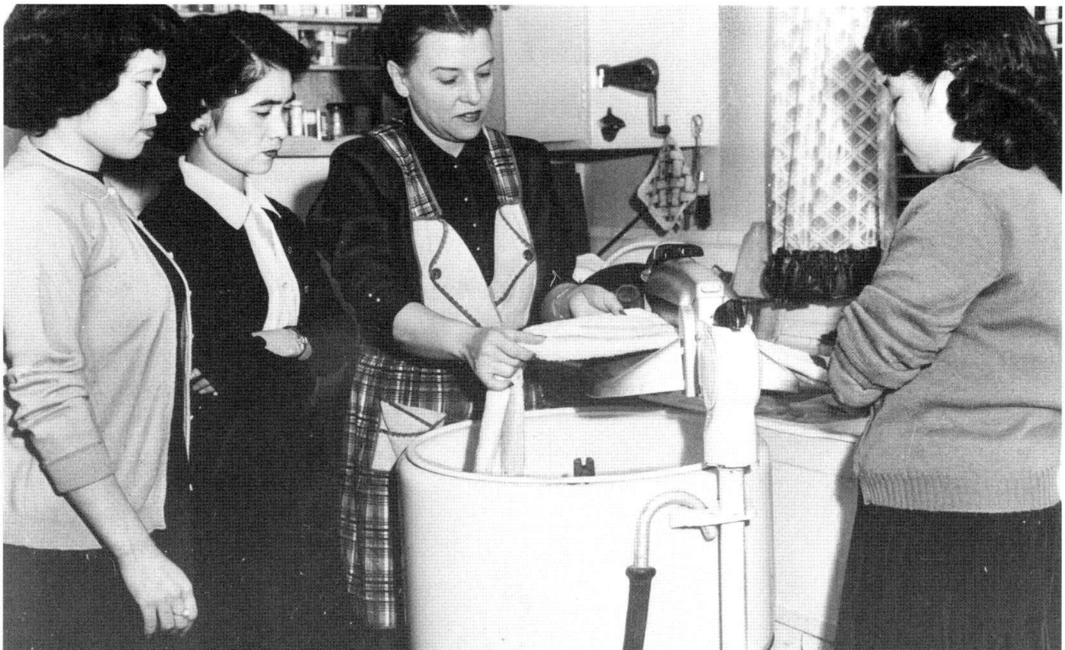

キャンプ大津で進駐軍兵士の夫人が戦争花嫁の日本人妻に洗濯機の使い方を教える（大津市、1954年３月撮影）

伊丹エアベース付近を歩く米兵と、それを見つめる地元の子どもたち（1954年 5 月撮影）

たくさんの輪タクが客待ちをする。伊丹エアベース付近（1954年 7 月撮影）

キャンプ奈良。奈良公園の南方、現在の奈良教育大学付近にあった（奈良市、1954年６月撮影）

進駐軍に校舎返還を求める大阪市立大学（現・大阪公立大学）の学生デモ（大阪市、1954年７月10日撮影）

キャンプ大津の閲兵式（大津市、1954年９月撮影）

風光明媚な別荘地として有名であった浜寺公園一帯は、戦後に進駐軍の住宅地「浜寺ハウス」となっていた（大阪府堺市、1954年11月撮影）

戦時中に大阪大正飛行場の滑走路として供出した阪神飛行場の農地が部分返還へ（大阪府八尾市、1954年11月撮影）

接収解除された阪神飛行場で、自衛隊と民間で供用開始。のちに八尾飛行場、続いて現在の八尾空港へと改称する（大阪府八尾市、1955年撮影）

西部劇風建物のバーが並ぶ伊丹エアベース付近（1954年11月撮影）

一般公開された伊丹エアベース（1955年 3 月撮影）

米軍港湾司令部が置かれていた神戸第４突堤の上屋（神戸市、1955年３月撮影）

伊丹エアベース付近でたたずむ輪タクの運転手（1955年６月撮影）

浜寺公園内の居留地にて、中央道路の開通式（大阪府堺市、1955年７月撮影）

京都駅前のホテルラクヨウには物騒な張り紙が。このあと間もなくホテルは廃業する（京都市、1955年３月２日撮影）

大津市の進駐軍専用だったバーは兵士の数もめっきり減り、ジャズも聞かれなくなった（大津市、1955年６月撮影）

大阪市立大学の校舎返還の文書を受け取る中馬馨大阪市助役（大阪市、1955年９月撮影）

浜寺ハウスの遠景。1958年に接収解除されて以降、急激に埋め立てが進み、白砂青松の美観は消滅する（大阪府堺市、1955年撮影）

キャンプ大津Ａ地区の空撮写真。1958年に返還されて以降は、皇子山陸上競技場、高校、市役所などに転用された（大津市、1956年11月21日撮影）

返還を翌年に控えた伊丹エアベースのゲート付近（1957年４月撮影）

伊丹エアベースの米空軍将校クラブ。右奥は独身者用宿舎（1957年４月６日撮影）

さびれつつある伊丹エアベース付近のキャバレー（1957年４月９日撮影）

進駐軍の士官家族用住宅やアメリカンスクールがあった刀根山ハウス。1958年に返還された（大阪府豊中市、1957年４月８日撮影）

接収解除を目前にした琵琶湖ホテル（大津市、1957年５月撮影）

終戦まで大阪陸軍病院金岡分院であったが、1958年に返還されるまで米軍専用病院として接収された。一帯は「キャンプ金岡」と呼ばれた（大阪府堺市、1957年８月６日撮影）

鳴尾飛行場跡に設けられた米軍キャンプ。画面中央に管制塔（元鳴尾競馬場の観覧席施設）、手前に米軍関係車両が見える。間もなく接収解除となった（兵庫県西宮市、1957年11月８日撮影）

伊丹エアベースの返還式。星条旗が降ろされ、13年ぶりに揚がる日の丸。接収解除後に大阪空港として再開港し、翌1959年大阪国際空港となった（1958年３月18日撮影）

1958年２月に全面的に接収解除され、ひとけのなくなったキャンプ奈良（奈良市、1958年４月30日撮影）

三井寺近くにある駐留軍将兵相手の店は、キャンプ大津閉鎖の余波を受け、閉店に追い込まれた（大津市、1958年３月撮影）

「聯合軍・関西進駐を開始」

聯合軍・関西進駐を開始
毎日新聞
神戸、京都へ二万名
紀ノ川口に陸続揚陸
あす大阪等へ二万数千
大阪
三陣相次ぎ到着
市内進駐はけふ
大久保飛行場に千四百
佐世保へ先遣百名

毎日新聞朝刊1945年９月26日付

進駐軍の関西地区への上陸は、一九四五年九月二五日、和歌山市で始まった。マッカーサー元帥の厚木基地到着（八月三〇日）、ミズーリ号艦上での降伏文書調印式（九月二日）を経て、東北や九州への進駐とほぼ同じ時期であった。和歌山が選ばれたのは、大阪湾の掃海が済んでいないことと、松江浜や二里ケ浜といった紀ノ川河口の遠浅の海岸線が上陸用舟艇の運用に適していたからといわれる。

翌日の九月二六日付朝刊では、和歌浦沖に集結した艦船が一斉に紀ノ川河口沖へ移動し、上陸を開始する様子を掲載した。「和歌浦湾では暁闇《ぎょうあん》を衝いて第五艦隊の艨艟《もうどう》三百余隻に護られた第六軍輸送船団の一部が第一軍団司令官スイフト中将指揮のもとに行動を起して紀ノ川口に近接し、艦上機が上空を哨戒《しょうかい》、午前八時船首を開いて多数の上陸用舟艇を繰出し……」と緊迫した雰囲気を描写している。主力部隊は上陸後、ただちに列車に分乗し、大阪、神戸、京都方面へ移動している。

本書の表紙に使用した写真は、上陸直後、にわかづくりの道路標識の前で記念撮影する米兵たちの様子である。空襲で焼け残った電柱に取り付けた木片に「586 SIGNAL DEPOT CO.」「54TH EVAC HOSP」「98 WATER DP.」と施設の名称を手書きしている。和歌山に上陸した兵員の数は一五万～一六万人といわれ、一部はその後、朝鮮半島に移動した。県庁、学校のほか、観光地・和歌浦の旅館までも接収された。

（山田泰正）

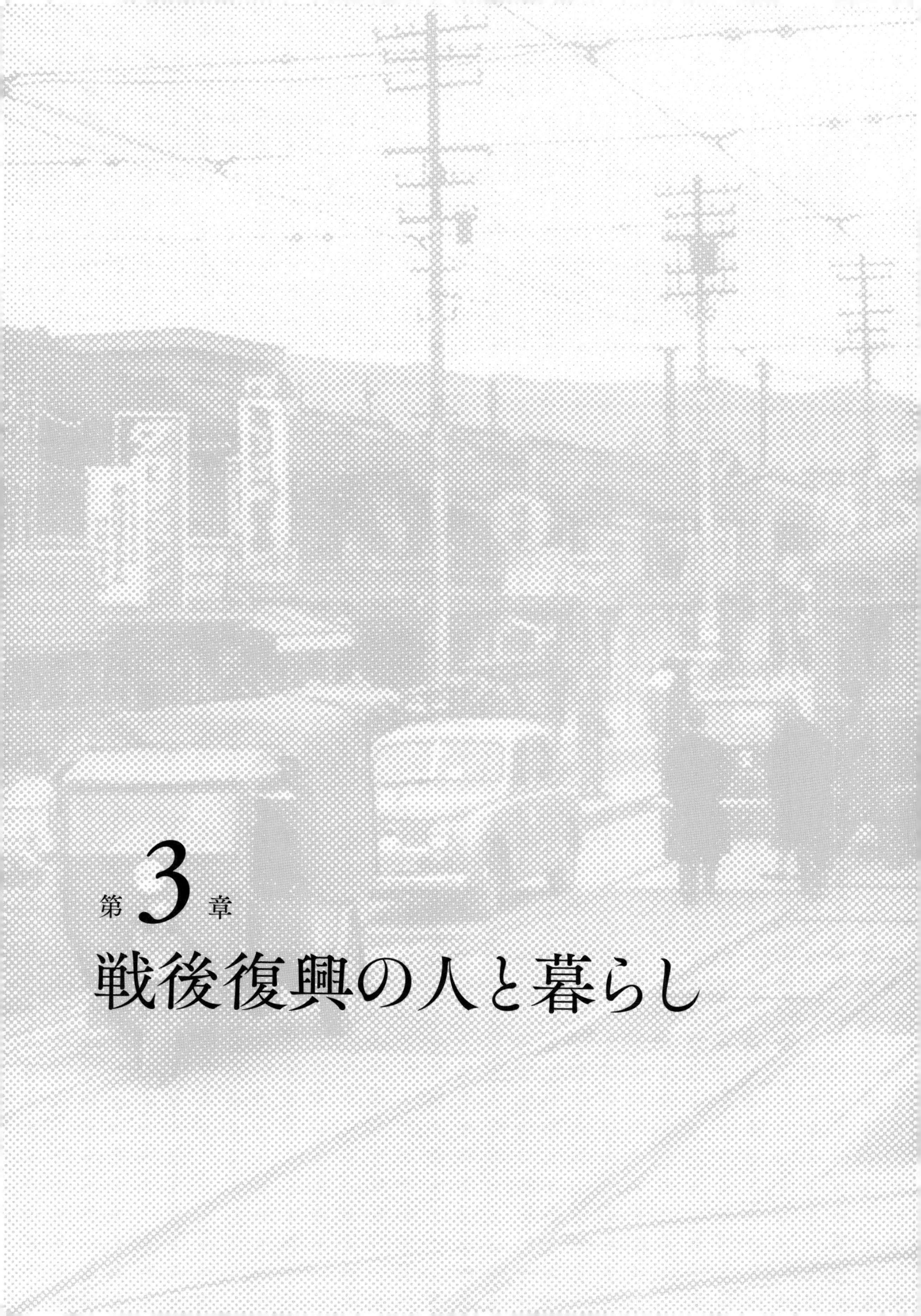

第3章
戦後復興の人と暮らし

鶴橋駅前の闇市。大阪では最大規模の闇市のひとつであった。闇市は当時、自由市場、青空市場とも呼ばれた（大阪市、1945年10月29日撮影）

昼飯のない人へのイモの無料支給に群がる人たち。梅田の阪急百貨店前にて（大阪市、1945年11月撮影）

大阪の進駐軍施設では、作業の日当として米が現物支給された（大阪、1945年10月11日撮影）

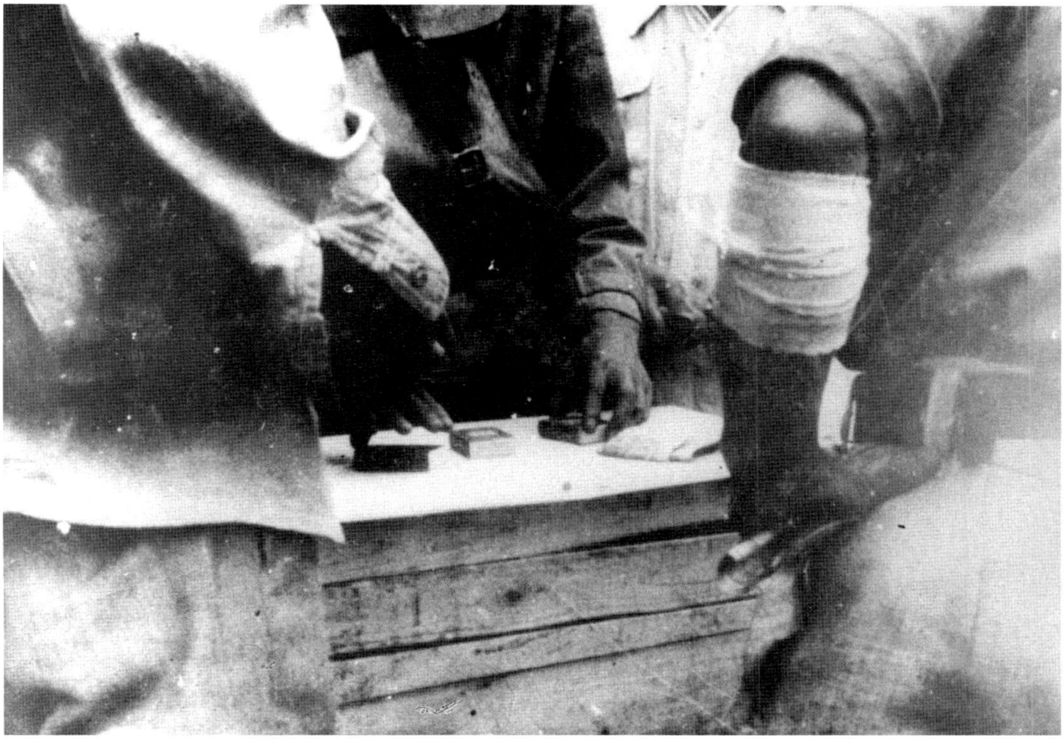

闇市で白昼堂々と開帳される街頭賭博。煙草の箱などを使い、「でんすけ賭博」とも呼ばれて、大阪で一斉摘発された（大阪市、1945年撮影）

壕舎生活のなかでもうすぐ冬を迎える住民。福島区にて（大阪市、1945年11月撮影）

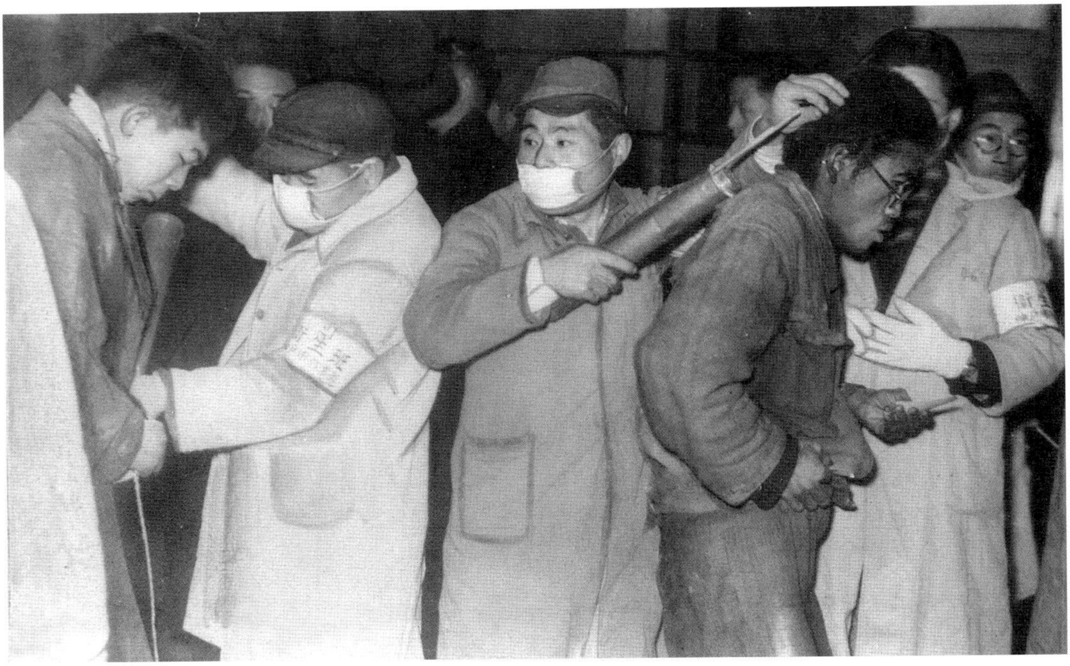

シラミによって媒介される発疹チフスの防疫のため、噴霧器で頭からDDTをかけられる住民。神戸市の高架下にて（神戸市、1946年撮影）

生活のため、街頭で靴磨きする少年たち。その多くが戦争で親を失った子どもたちだった。大阪駅前にて（大阪市、1946年２月撮影）

終戦奉告で明治天皇の伏見桃山陵に参拝する昭和天皇（京都市、1945年11月14日撮影）

待てど来ず、来れど乗れず。梅田・阪急百貨店前で、長蛇の列をつくって市電へ乗車の順番を待つ人々（大阪市、1945年11月20日撮影）

焼け跡に店を開く和歌山駅（当時は東和歌山駅）そばの闇市（和歌山市、1945年12月撮影）

天保山桟橋のサービスステーション。右の看板には英語で「ミナト・サービス・ステーション」「お茶と昼食　荷物預かり　旅行者用の商品　理髪」などと書かれている（大阪市、1946年１月17日撮影）

電車長屋で生活する戦災者。安治川付近（大阪市、1946年２月撮影）

旧円最後の日を迎えた大阪駅前の闇市。猛烈なインフレーション対策として決まった新円への切り換えに伴い、翌日からは10円以上の旧円銀行券が無効とされた（大阪市、1946年３月２日撮影）

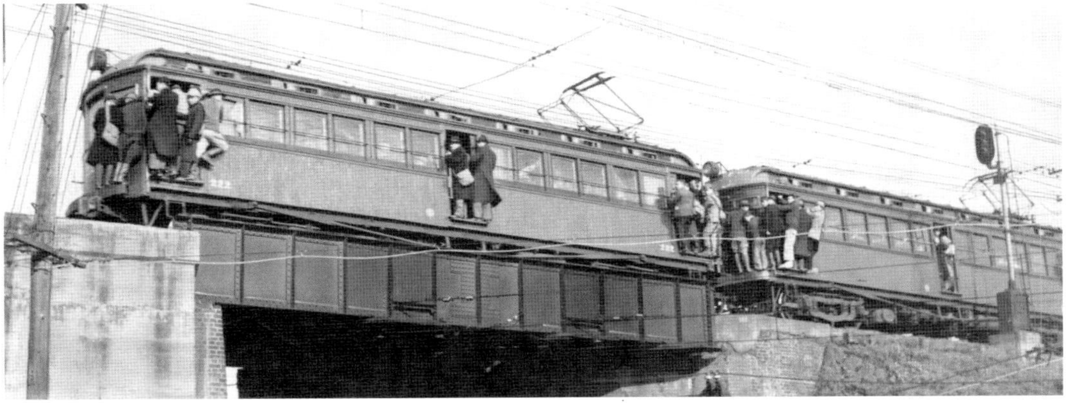

通勤ラッシュはすさまじく、乗車しきれなかった人々のなかには、危険を承知で車外にしがみつく姿も見られた。京阪電鉄（当時は京阪神急行電鉄）の関目（城東区）付近（大阪市、1946年２月16日撮影）

鴨川・四条大橋西詰から北東方面を望む。中央は四条駅（現・京阪電鉄）、高い建物はレストラン菊水、右端にわずかに見えるのが南座。東華菜館の屋上塔屋からの撮影であろう（京都市、1946年５月24日撮影）

市電が平面交差する四条河原町から四条通を西方向に望む。右後方の建物は大丸京都店（京都市、1946年５月24日撮影）

食糧難の戦後、見返り物資として大量の生糸を輸出した。神戸港にて（神戸市、1946年４月撮影）

主食欠配が続き、各地で頻発した米よこせデモ。プラカードで「金持は配給を遠慮せよ」と訴えている。扇町公園にて（大阪市、1946年６月撮影）

松尾大社（当時は松尾神社）前の闇市（京都市、1946年７月撮影）

お初天神（露天神社）の夏祭りで、戦災者や孤児に雑炊や果物、理髪の接待をする場面（大阪市、1946年７月30日撮影）

大阪駅前の闇市。閉鎖を翌日に控え大勢の人々でにぎわう（大阪市、1946年７月31日撮影）

戦時中の航空機の材料を転用したジュラルミン街（通称「ジュラ街」）が神戸元町に出現。空襲で焼けた商店街再建の第一歩だった（神戸市、1946年９月撮影）

第１回毎日マラソンで御堂筋を走る選手たち（大阪市、1946年10月20日撮影）

海外からの引き揚げ者や戦災者のために設けられた厚生農場。住吉区にあった（大阪市、1946年７月撮影）

第１回毎日マラソンで阪急梅田駅前を走る選手たち。難波別院（南御堂）跡地の毎日運動場前を発着点にして国鉄池田駅（現・川西池田駅）で折り返した（大阪市、1946年10月20日撮影）

昭和南海地震による火災で燃える新宮市街。紀伊半島沖、南海トラフ沿いを震源とする巨大地震で、1946年12月21日の未明に発生した（和歌山県新宮市、1946年12月撮影）

昭和南海地震で、崩れた煉瓦塀に押しつぶされ４人が死亡した福島区の民家（大阪市、1946年12月21日撮影）

昭和南海地震で倒壊した淡路島の家々（兵庫県洲本市、1946年12月22日撮影）

三宮駅前の闇市（神戸市、1947年２月撮影）

昭和南海地震で路上に物が散乱するなか、運行を再開した和歌山電気軌道の路面電車。黒江停留所付近（和歌山県海南市、1946年12月撮影）

大阪復興祭で大阪駅前を走る花電車。「大阪市復興芸能祭」「大阪市復興市民大会」の別称もあった。歌舞伎役者の輪タクがパレードし、戦時中は途絶していた祭りの地車（だんじり）も練り出した。1946年11月3日の日本国憲法公布を祝賀するイベントでもあった（大阪市、1946年11月撮影）

舞鶴港で、中国からの引き揚げ船「白山丸」を赤十字の旗を持って出迎える人たち（京都府舞鶴市、1946年12月撮影）

占領軍の食糧放出に感謝の行進をする大手前高等女学校（現・大手前高校）の女学生たち（大阪市、1946年12月撮影）

粕汁の屋台。食材の仕入れのためか、「酒ガス買ヒマス」の書き込みが見える（大阪市、1947年４月撮影）

大阪駅前で、阿倍野橋行きの市電乗り場に殺到する乗客。背後に見えるのは阪急百貨店（大阪市、1947年6月撮影）

バス住宅で暮らす戦災者。電線から電気が引き込まれているのがわかる（大阪市、1947年7月撮影）

安治川付近の水上生活者への国勢調査（大阪市、1947年 9 月撮影）

大阪駅前での街頭将棋（大阪市、1947年12月撮影）

大阪生野署に摘発された闇物資。大量の魚とスルメなどの乾物が見える（大阪市、1947年11月撮影）

復興が進まない堺市臨海部の工業地帯（大阪府堺市、1947年11月撮影）

南氷洋捕鯨による鯨肉の配給。十三にて（大阪市、1948年２月撮影）

大阪駅前では、荷車や、沿道で飯を炊く人の姿も見られた（大阪市、1948年撮影）

飛田遊廓でポーズをとる「青空楽人」。GHQによる公娼制度廃止指令があった1946年以降、1958年の売春防止法施行まで「赤線地帯」であった。現在は飛田新地と通称される（大阪市、1948年撮影）

戦後の石油不足を機に復活した、客待ちする人力車。神戸・海岸通りにて（神戸市、1948年撮影）

道頓堀川、宗右衛門町（左前方）付近の風景。手前は戎橋、右下にかき船の店が見える（大阪市、1948年２月撮影）

米国から日本へ向けての援助物資である「ララ物資」によって学校給食がはじまり、脱脂粉乳とパンが学童の空腹を満たした。感謝の街頭行進をする子どもたち（大阪市、1948年３月撮影）

酒の量り売りが開始。１級酒が１合55円、２級酒が50円であった。京町堀（西区）にて（大阪市、1948年３月１日撮影）

焼損した銀行の金庫に住む戦災者。壁面に「三和銀行用地」とある（大阪、1948年２月撮影）

橋の下での生活。４世帯が暮らした。ボートに中之島公園と記され、この橋は中之島に架かる水晶橋か（大阪市、1948年５月撮影）

焼け跡での生活。ミナミの大劇裏にて。大阪劇場は略称「大劇」と呼ばれた（大阪市、1948年５月撮影）

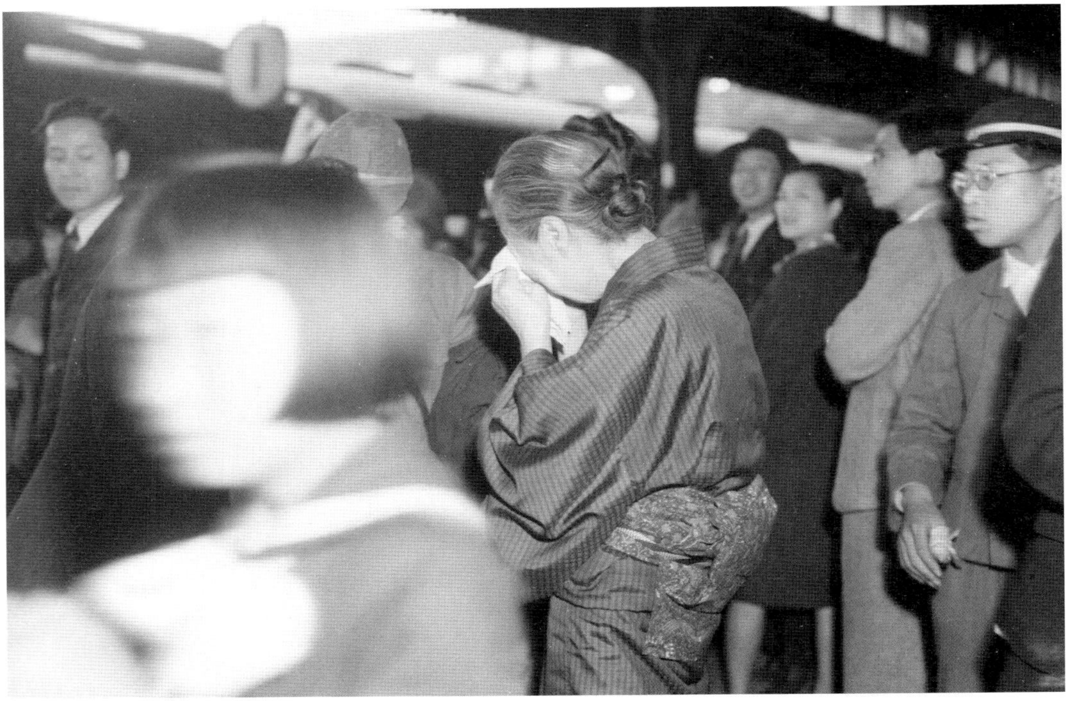

シベリアからの引き揚げ船「明優丸」がナホトカを出航し舞鶴港に入港。数日後、京都駅のホームで涙ぐみながら出迎えた女性（京都市、1948年５月９日撮影）

三津寺筋から南へ入った横丁の風景（この横丁は現存しない）。空襲で焼け残った三津寺が奥に見える（大阪市、1948年11月撮影）

法善寺界隈。法善寺横丁または法善寺参道と思われる。竹竿にくくりつけたかかしは客寄せか（大阪市、1948年６月撮影）

解体修理中であった法隆寺金堂の内陣から出火。柱と国宝の壁画を焼損した（奈良県斑鳩町、1949年１月26日撮影）

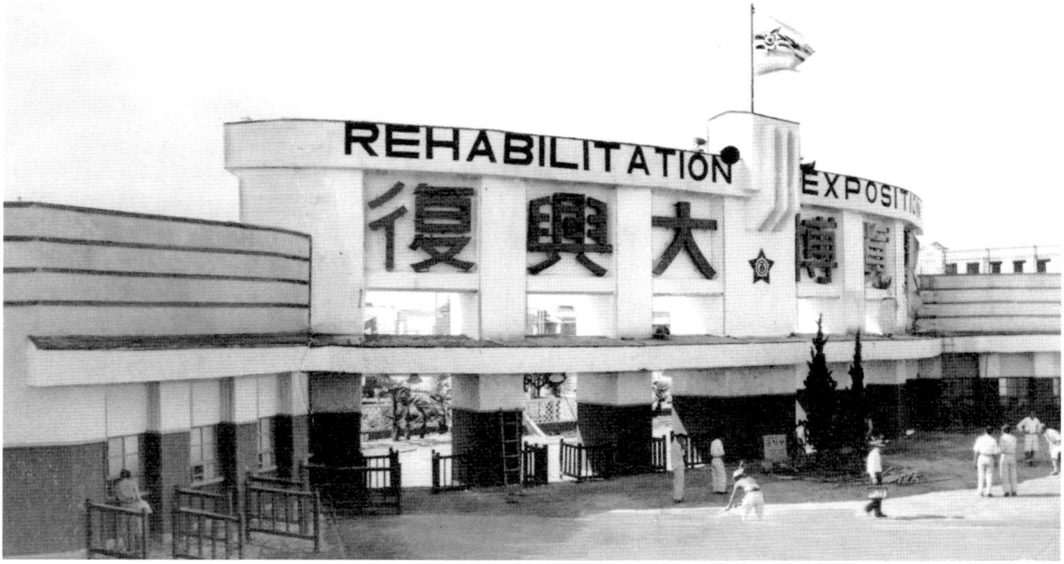

復興大博覧会（1948年９月18日～11月27日）。戦後初めての本格的な博覧会が、天王寺公園から夕陽丘にかけての高台一帯で開催された（大阪市、1948年９月21日撮影）

繊維館を視察する大阪軍政部長のクレーグ大佐（大阪市、1948年９月撮影）

特別施設「こどものくに」の電気式回転ジープで楽しむ子どもたち（大阪市、1948年９月19日撮影）

街頭を巡回する宣伝カー（大阪市、1948年９月撮影）

「理想住宅」に当選した男性には毎日新聞社から目録が贈られた（大阪市、1948年９月撮影）

会場に詰めかけた観衆（大阪市、1948年９月19日撮影）

復興大博覧会の観光館の内部（大阪市、1948年撮影）

競馬をしのぐ人気の競輪に女子選手が登場。関西主婦連は競輪廃止運動を展開した。西宮球場は競輪場としても併用された（兵庫県西宮市、1949年６月撮影）

開場直後でにぎわう姫路競馬場（兵庫県姫路市、1949年９月撮影）

ユニセフからの食品、衣料、薬品などが神戸港に届く（神戸市、1949年９月撮影）

大阪駅前を歩くキリギリスの行商人（大阪市、1949年７月撮影）

御堂筋・心斎橋街頭を歩く女性のファッション。右は大丸、その左隣はそごうの各百貨店。そごう当時、接収されて進駐軍のPXとなっていた（大阪市、1949年９月撮影）

戦後初の日米野球で来日したサンフランシスコ・シールズ（MLB傘下のAAAチーム）が京都駅からパレード。手を挙げているのはオドール監督（京都市、1949年10月撮影）

歓楽街・新京極通りのにぎわい。空を舞うビラのようなものを見上げる外国人の姿も（京都市、1950年撮影）

大阪放送局（JOBK）の街頭録音。大阪駅前にて（大阪市、1049年12月撮影）

「神戸行阪神電車のりば」の大看板がかかる阪神梅田駅（現・大阪梅田駅）。阪神マートが入っており、1951年に阪神百貨店に改称する。大阪タイガースの文字も見える。阪神タイガースと改称するのは1961年（大阪市、1950年撮影）

住宅密集地や新興地に多く見られた２階建て長屋。経年の様子から空襲で焼けなかったとみられる（大阪市、1950年撮影）

1948年に小倉競輪場に続いて全国２番目に開場した住之江競輪場（大阪市、1950年１月15日撮影）

レースの着順などが書かれた掲示を見る人たち。住之江競輪場にて（大阪市、1950年１月15日撮影）

長居公園内の大阪競馬場（1948年開場）の隣に、競輪人気を受けて大阪中央競輪場が開場した。1950年開場、1962年廃止（大阪市、1950年３月23日撮影）

建設中の岸和田競輪場。1951年開場（大阪府岸和田市、1950年２月撮影）

関西に初登場した女子プロ野球。藤井寺球場にて（大阪府藤井寺市、1950年５月撮影）

建設中の大阪球場。南海難波駅南隣に1950年９月に開場した（大阪市、1950年６月撮影）

造成中の日生球場。1950年６月開場。周辺は激しい空爆を受けた大阪陸軍造兵廠（大阪砲兵工廠）跡で、終戦後５年を経ても廃墟や空き地が目立つ（大阪市、1950年６月８日撮影）

大阪高等裁判所庁舎。中央にそびえる塔が目を引くこの建物は、「赤れんが」の大阪控訴院として親しまれた。1916年竣工、1974年解体（大阪市、1950年６月撮影）

旅館の大広間で一緒に寝床に入る修学旅行生たち（京都市、1950年撮影）

ナホトカを出航した引き揚げ船「高砂丸」が舞鶴港に到着。シベリアに抑留されていた人々が待ち望んだ祖国への帰還は、終戦から11年後まで続いた（京都府舞鶴市、1950年１月21日撮影）

戦後、大阪市警・府警の庁舎として使われた旧陸軍第４師団司令部庁舎の屋上から撮影した大阪城内。中央の石垣の奥は現存する桜門、後方の建物は旧陸軍の施設で、その後、市立武道場「修道館」が建った。後方に室戸台風犠牲者の慰霊塔である「教育塔」が見える（大阪市、1950年３月27日撮影）

日本貿易産業博覧会（神戸博）が、1950年３月15日～６月15日に、王子公園・湊川公園で開催された。翌年には会場跡に王子動物園が開園した（神戸市、1950年４月撮影）

放火によって金閣寺（鹿苑寺の舎利殿「金閣」）が炎上、骨組みだけが残る（京都市、1950年７月２日撮影）

近鉄が南大阪線で夏期の週末に「ビール電車」を運行。ジョッキ１杯、つき出し、お土産付きで電車賃250円（大阪、1950年７月撮影）

松島遊廓界隈。1958年の売春防止法施行まで「赤線地帯」であった（大阪市、1950年８月撮影）

終戦から５年経ち、道頓堀界隈ではネオンの明かりが復活した。戎橋から南方を見て、中央奥は空襲で焼け残った三笠ビル。かつて魚すきの「丸万」があり、戦後はビル４階が進駐軍に接収されてダンスホールに、１階には太平マートが開店する。地階に伝説の音楽喫茶「ナンバー一番」が開店するのは昭和30年代に入ってから（大阪市、1950年８月撮影）

大阪駅前の朝の通勤ラッシュ。大阪駅舎正面の看板「R.T.O.」はRailway Transportation Officeの略で、鉄道も駅もまだ進駐軍鉄道司令部の統治下にあることを示す（大阪市、1950年８月撮影）

大阪市電が脱線。あわや川へ飛び込む寸前で、橋の欄干を突き破って止まった。集まった人々もその光景に仰天。浪速区の賑橋にて（大阪市、1950年８月16日撮影）

深編み笠に尺八姿の虚無僧。一人は女性。新京極にて（京都市、1951年７月撮影）

香櫨園海水浴場の海の家。1903年に香櫨園遊園地が開設され、遊園地が閉園した後は海水浴場としてにぎわった。海水浴場は1965年に閉鎖された（兵庫県西宮市、1950年７月撮影）

阿倍野の仮設国技館で開かれた大相撲の大阪秋場所。戦後初の大阪場所は1948年秋場所の福島仮設国技館で、阿倍野を経て1953年の大阪府立体育会館から定期開催の春場所として定着する（大阪市、1950年９月17日撮影）

ジェーン台風による被害で運休した阪神電鉄の線路や柵の上を歩いて通勤する人々（大阪市、1950年９月４日撮影）

近畿地方や四国に甚大な被害をもたらしたジェーン台風。濁水で浮き上がり、暴風でひっくり返った家々。恩加島（此花区）付近（大阪市、1950年９月撮影）

ジェーン台風による高潮に見舞われ、冠水した大阪湾岸の築港、天保山付近（大阪市、1950年９月３日撮影）

ジェーン台風の強風で屋根瓦が舞い上がり、立ち往生する市電。堂島付近（大阪市、1950年９月３日撮影）

十三大橋で、食糧公団払い下げの荷車を売る女性。「時価一万円ノコノ新車ガ三千五百円」とある（大阪市、1950年11月撮影）

商店街の歳末大売り出しで景品となった住宅（大阪、1950年12月撮影）

芸妓を育てる大和屋技芸学校、昼の給食風景。宗右衛門町にて（大阪市、1951年２月撮影）

ターミナルの乗り場に集まったタクシー。手前は輪タク（大阪市、1951年２月26日撮影）

心斎橋の街頭で、ギターや松葉杖を持ち募金に立つ傷痍軍人（大阪市、1951年５月撮影）

1950年から民間放送の設立が相次いだ。新日本放送（現・毎日放送）の本社・スタジオは、阪急百貨店の屋上に設けられた（大阪市、1951年５月撮影）

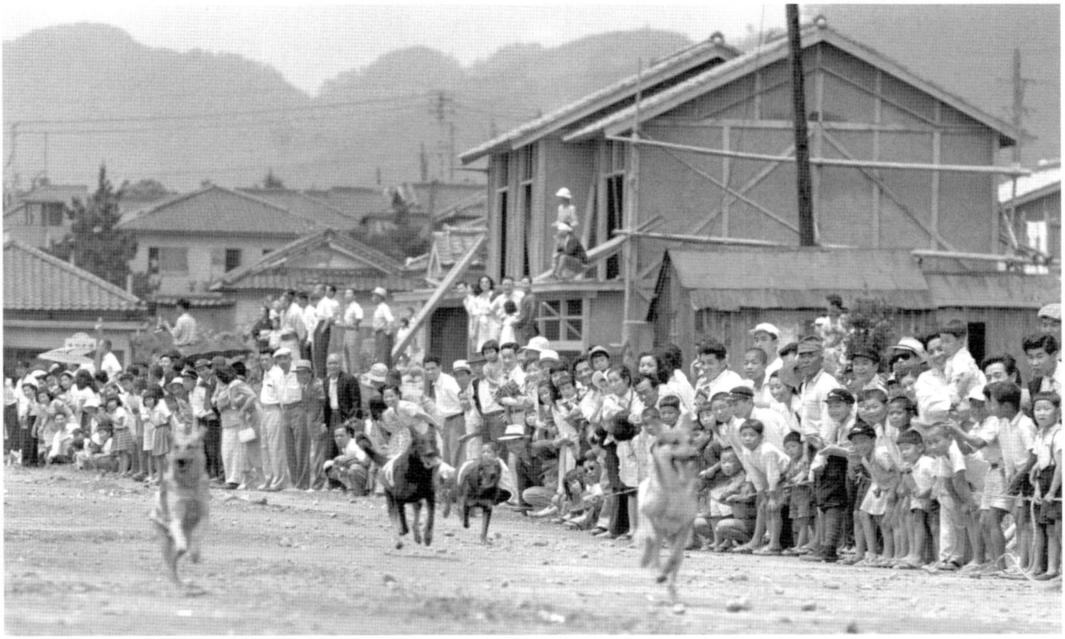

神戸ドッグレース愛犬倶楽部主催で開催されたドッグレース大会（神戸市、1951年６月17日撮影）

大阪球場のナイター用照明灯が完成。関西で初めてナイターができる球場となった（大阪市、1951年７月撮影）

赤穂の塩田風景（兵庫県赤穂市、1951年撮影）

堺名物の包丁を鍛造する工房。堺の鍛鉄技術は古墳時代以来の長い歴史を持ち、堺打刃物はプロ用包丁のトップブランドとなっている（大阪府堺市、1951年９月撮影）

堺大魚夜市。堺の夏の風物詩で、戦時中の中断を経て、1950年に復活した（大阪府堺市、1951年７月31日撮影）

ミナミ・宗右衛門町に開業した大キャバレー「メトロ」で訓示を受けるホステス。広さ、設備とも東洋一と称された（大阪市、1951年８月撮影）

大阪港の住友岸壁に集まったはしけ。岸壁一帯は住友倉庫が建設した築港赤レンガ倉庫で知られる（大阪市、1951年８月撮影）

第45回浜寺水練学校で、海上飛び込み台を使って練習をする生徒たち。進駐軍が浜寺公園を接収したため、この頃は諏訪の森で開催された（大阪府堺市、1951年８月２日撮影）

「祝講和成立」の横断幕を掲げて祝う心斎橋筋商店街（大阪市、1951年９月撮影）

淀川の平田（へいた）の渡し。1676年（延宝４）頃にはじまったとされ、1970年に豊里大橋が架かるまで、東淀川区と旭区を結んで往来していた（大阪市、1951年９月撮影）

河原町三条交差点付近から河原町通を北方に望む。前方の白いビルは、1935年竣工の京都朝日会館（初代）。かつては壁面全面に描かれた巨大な壁画で有名であった（京都市、1951年12月撮影）

今里ロータリー。1934年に完成し、1955年まで信号なしで車が走行できた（いわゆるラウンドアバウト）。現在、ロータリーは姿を消し、今里交差点となっている（大阪市、1951年11月撮影）

江戸時代は三大遊廓として著名であった島原の街並み（京都市、1951年11月撮影）

京都駅の夜の風景。「RTO」の電灯看板が占領下を思わせる（京都市、1951年年11月 8 日撮影）

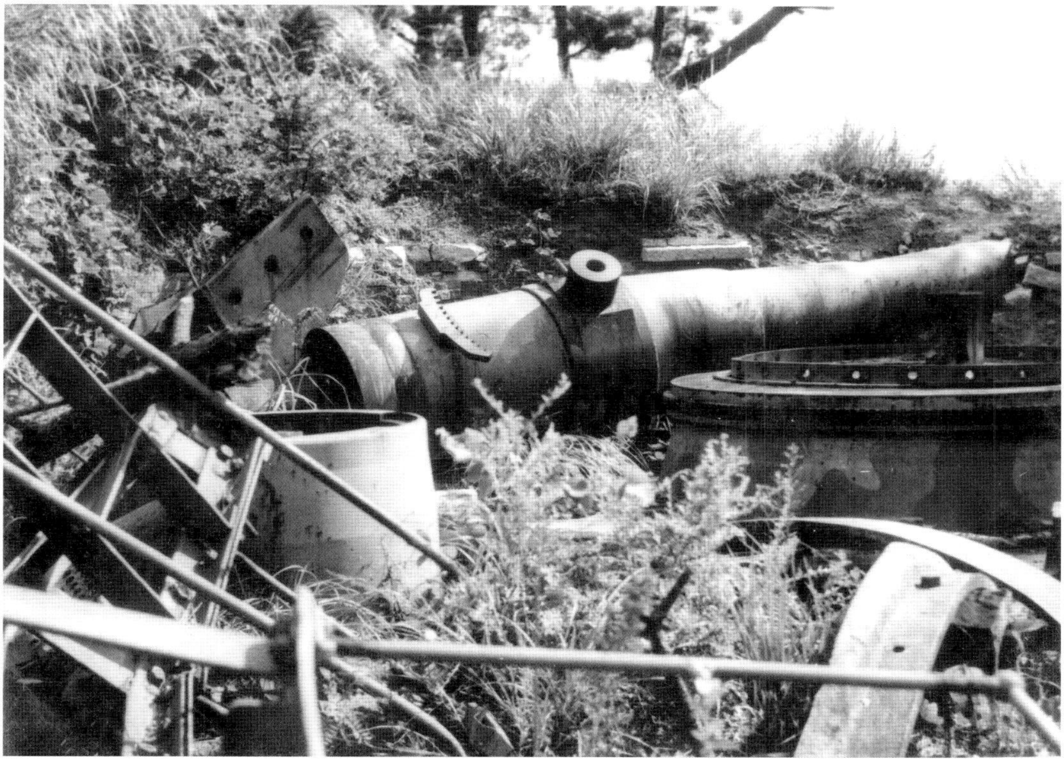

由良要塞の大砲。紀淡海峡や鳴門海峡を見下ろす高台に設けられた（淡路島または和歌山県側、1952年撮影）

大観衆のなか行われる大阪競馬場のレース。長居公園内に1948年開場、1959年廃止（大阪市、1952年２月撮影）

沖縄から戦後初の遺骨21柱が大阪港に届く（大阪市、1952年２月９日撮影）

大阪駅前の闇市跡にでき、繁盛する梅田繊維街。大阪駅前再開発を受け、繊維街は1969年開業の新大阪センイシティーに移転する。跡地は大阪駅前第一ビル・第二ビルとなった（大阪市、1951年12月撮影）

新たな京都駅舎（３代目）が誕生。２代目駅舎は1950年の火災で全焼した。写真は第１期工事前半の東駅舎。現在の駅舎は４代目（京都市、1952年３月撮影）

渦巻き型蚊取り線香を木箱に並べて乾燥させる製造風景（大阪府河内長野市〈撮影時は市制施行前〉、1952年３月撮影）

手作業で落綿を洗ってさらし綿にし、乾燥させる光景が見られた（大阪府阪南市〈当時は尾崎町〉、1952年３月撮影）

1949年に難波と同時に開設された梅田の場外馬券売り場。現・ウインズ梅田の前身（大阪市、1952年４月撮影）

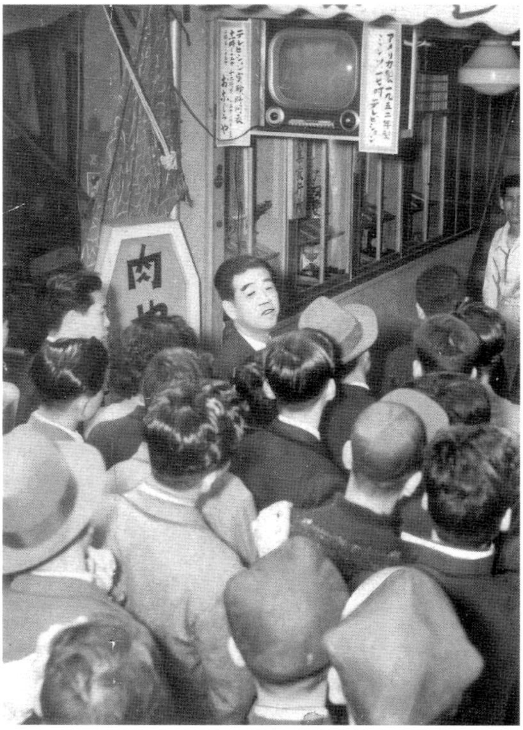

梅田の肉屋の店頭でテレビを見る人たち。受像機は米国製。本放送開始を翌年に控えた実験放送と思われる（大阪市、1952年４月撮影）

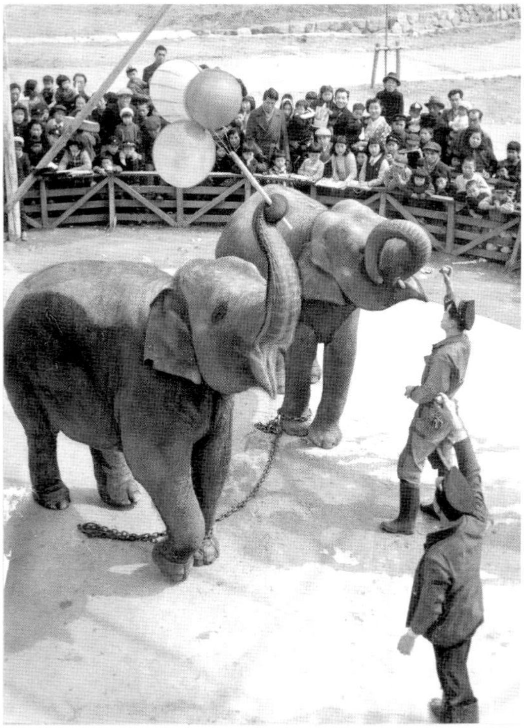

天王寺動物園にて、象の曲芸。戦時中に多くの動物を失い、1950年にやってきたアジアゾウの春子とユリ子は、大変な人気者になった。ユリ子は2000年、春子は2014年に天寿を全うした（大阪市、1952年３月13日撮影）

甲子園球場名物の鉄傘が久しく消えていたが、ジュラルミン製の屋根が完成。銀傘として親しまれることに（兵庫県西宮市、1952年４月１日撮影）

講和発効・独立を祝う道頓堀のキャバレー。「ナポリで乾杯」の張り紙を出して客を呼ぶ（大阪市、1952年４月撮影）

講和発効を祝し、京都市内31寺院で「平和の鐘」を打ち鳴らした。知恩院にて（京都市、1952年４月28日撮影）

講和条約の発効を記念して小学校で運動会。吹田市立吹田第一小学校にて（大阪府吹田市、1952年４月撮影）

夜も老若男女でにぎわう伏見大手筋商店街（京都市、1952年５月撮影）

三越神戸店で開かれた夏物婦人服のファッションショー（神戸市、1952年５月撮影）

大正筋商店街の夜景。戦災を免れたが、阪神・淡路大震災で被災し、再開発ビルとともに復興を遂げた（神戸市、1952年６月撮影）

湊川新開地の夜景。写真には写っていないが、付近に進駐軍の広大な神戸ウェストキャンプ（キャンプカーバー）があった（神戸市、1952年６月撮影）

甲子園球場前にあった阪神パークの水鳥の池。珍獣レオポンで大きな話題になるのは1959年以降のこと（兵庫県西宮市、1952年５月撮影）

10月から保安隊（陸上自衛隊の前身）に編成替えする警察予備隊のトラック部隊。馬場町（現・中央区）付近（大阪市、1952年８月撮影）

田植えの遅い淡路島に、毎年出稼ぎに来る徳島阿波の早乙女たち（兵庫県洲本市、1952年６月28日撮影）

吹田事件で、警備線を突破するデモ隊。片山神社付近。吹田事件は戦後の三大騒擾事件のひとつとされる（大阪府吹田市、1952年６月25日撮影）

梅雨前線による紀伊泉南豪雨で冠水した道路を走るバス。堺市の一条通にて（大阪府堺市、1952年７月10日撮影）

淀屋橋から東を望む。奥の橋は栴檀木橋（大阪市、1952年７月撮影）

琵琶湖・近江舞子の水泳場。こののどかな景観は現在もあまり変わっていない（大津市、1952年７月撮影）

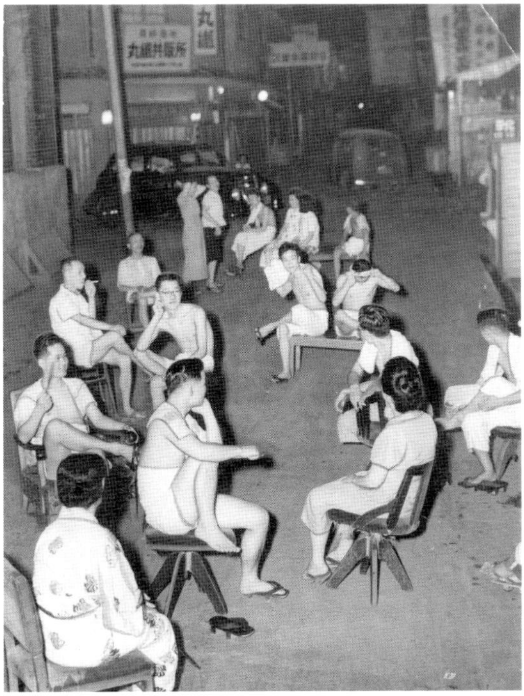

丼池筋にて、夕涼みの風景（大阪市、1952年８月撮影）

垂水商店街にて。日よけの布はその後、アーケードに変わった（神戸市、1952年８月撮影）

道頓堀川で川床の金屑捜しをする。ガタロ（河太郎、河童）と呼ばれた（大阪市、1952年９月撮影）

国鉄三宮駅―神戸駅間の元町高架下商店街には繊維を扱う店が多かった（神戸市、1952年11月撮影）

地下にコンクリート造で構築された火薬貯蔵庫。大阪陸軍造兵廠の宇治火薬製造所であったが、のちに陸上自衛隊の宇治駐屯地となった（京都府宇治市、1952年11月19日撮影）

進駐軍の接収解除で返還された靭飛行場での航空ページェント。1955年に靭公園となる（大阪市、1952年11月30日撮影）

師走の三宮センター街。このあと間もなくアーケードとなった（神戸市、1952年12月撮影）

東大寺にて、大仏開眼1200年法要に詰めかける人々（奈良市、1952年10月14日撮影）

火鉢の天日干し。信楽は当時、火鉢の一大産地であった（滋賀県信楽町、1952年12月撮影）

神戸市警ブラスバンドによる「蛍の光」の曲に送られ、南米への移民を乗せて神戸港を出港する「さんとす丸」。この２代目さんとす丸によって、戦後の南米移民が再開した（神戸市、1952年12月28日撮影）

冬の風物詩の友禅流し。鴨川、桂川などで見られた（京都市、1953年１月撮影）

正月、初詣の人出でにぎわう住吉大社。左手に住吉踊りの笠が吊され、鳥居の奥に路面電車の阪堺電車（当時は南海電鉄）が見える（大阪市、1953年１月撮影）

風邪予防のマスクを付けてコマ遊びをする児童たち。精華幼稚園にて（大阪市、1953年１月撮影）

舞鶴港に入港する興安丸。デッキは引き揚げ者で鈴なり。興安丸は中国やナホトカからの引き揚げ船に使われた（京都府舞鶴市、1953年撮影）

引き揚げ者のために援護局内に設けられた郷土室（京都府舞鶴市、1953年撮影）

鹿の剥製などを小道具に使った記念写真屋。戦争を経て、奈良公園の鹿が激減していた（奈良市、1953年１月撮影）

国鉄元町駅界隈。線路上左が阪急三宮駅、上右がそごう神戸店（現・神戸阪急）（神戸市、1953年１月撮影）

市電や三輪トラックが行き交う四条西洞院付近。あちこちで道路が掘り返されている（京都市、1953年３月撮影）

屋台の上に絵看板を掲げた「のぞきからくり」に見入る参拝者ら。四天王寺にて。スリに注意、懐中物に用心との張り紙がある（大阪市、1953年３月18日撮影）

春の彼岸入りで、四天王寺に詰めかける参拝者らに援助を求める傷痍軍人（大阪市、1953年３月18日撮影）

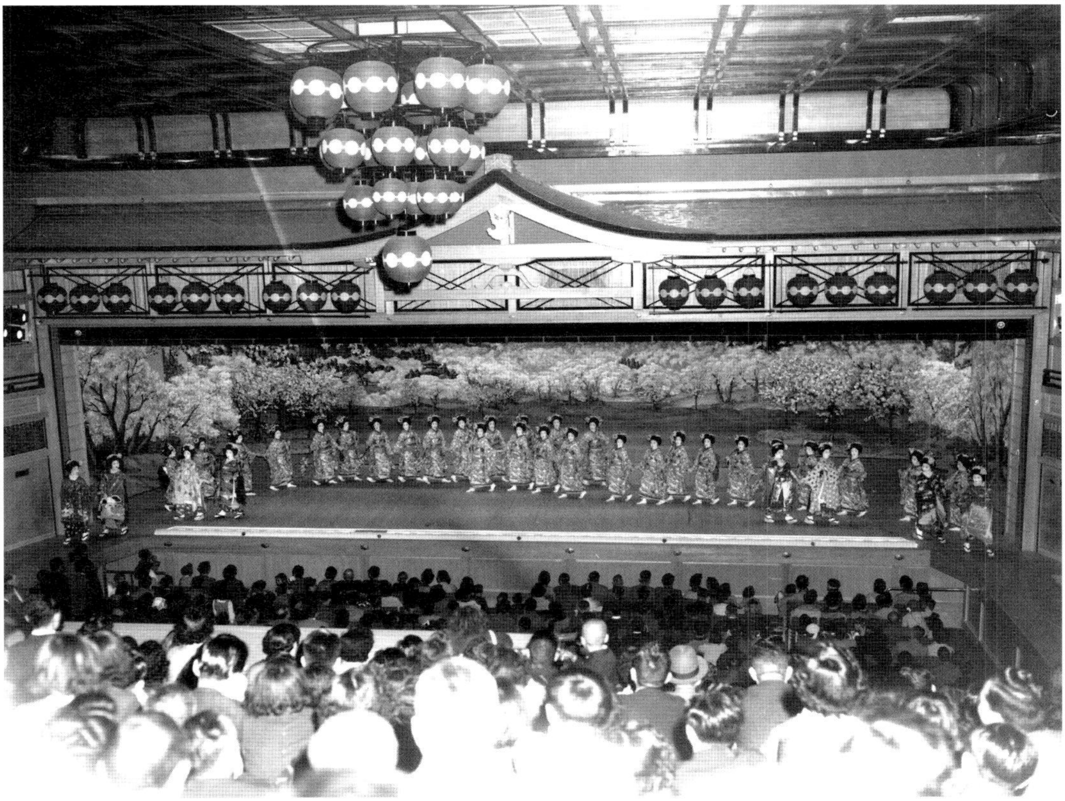

接収が解除された祇園甲部歌舞練場で、春を告げる80回目の「都をどり」が盛況（京都市、1953年４月撮影）

阪急百貨店屋上の遊園地にて、回転する遊具。遠景に御堂筋が見える。当時は屋上に新日本放送（現・毎日放送）の本社・スタジオも併存していた（大阪市、1953年撮影）

天神祭の船渡御が再復活し、鉾流橋で船に乗せられる神輿。戦後は1948年に一度復活していたが、地盤沈下で船が橋の下をくぐれなくなり再び中止となり、この年に巡航ルートを変えて復活した。天満署屋上から（大阪市、1953年７月25日撮影）

夏の夜の風物詩、涼しさを演出する虫売り。売られている虫は「キリギリス」とある（大阪市、1953年８月撮影）

福原遊廓界隈。当時は「赤線地帯」であった（神戸市、1953年10月撮影）

阿倍野区にあった旭町通の盛り場。この風景は再開発により消滅した（大阪市、1954年 3 月撮影）

映画館の千日前グランド劇場。のちに演芸場のなんば花月となり、移転して現在のなんばグランド花月となった（大阪市、1953年12月撮影）

御蔵跡町の履物卸問屋街。御蔵跡町の地名はなくなったが、現在も日本橋３丁目交差点以東に履物の店が点在し、その名残がある（大阪市、1954年１月撮影）

お初天神（露天神社）界隈の飲食店街（大阪市、1954年１月撮影）

平城京跡の遺跡発掘現場。1952年に特別史跡「平城宮跡」となっていた（奈良市、1954年１月撮影）

血液銀行に並ぶ売血者の列。1950年に大阪で日本最初の血液銀行「日本ブラッド・バンク」が設立され、関西各地に支店が設けられた。現在、売血は禁じられ、献血制度に移行している（神戸市、1954年２月撮影）

お初天神（露天神社）の境内周辺には昔も今もバーや料理屋が集まっている。西門の鳥居に「お初天神食道街」の看板が見え、現在のお初天神通り商店街にあたる（大阪市、1954年４月撮影）

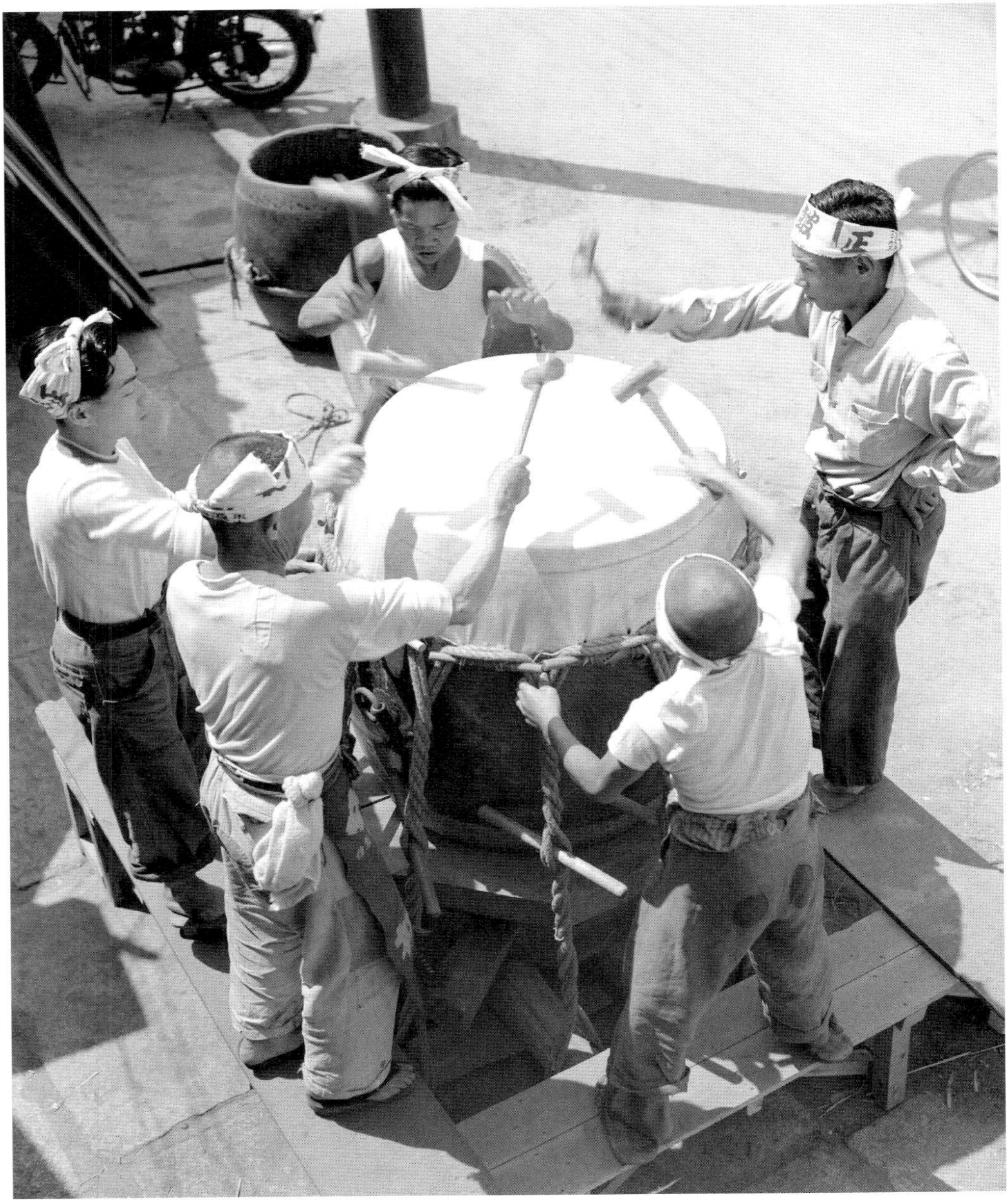

親方の合図で長胴太鼓の皮を叩いて伸ばす職人ら。浪速区の太鼓正にて（大阪市、1954年６月12日撮影）

大阪第一生命ビル屋上のビアガーデン。当時としては日本一高い12階建てのビルで、日本初の屋上ビアガーデンとされる（大阪市、1954年６月29日撮影）

新世界のジャンジャン横丁。店の看板ひとつひとつが現在とかなり違っていて興味深い。この当時はまだアーケードになっていないようだ（大阪市、1954年３月撮影）

和歌山随一の繁華街としてにぎわった「ぶらくり丁」（和歌山市、1954年８月撮影）

1951年に制定された覚醒剤取締法違反で家宅捜索を受けるヒロポン常習者。戦時中から流行し、普通に薬局で買えた。メタンフェタミンの商品名がヒロポンで、覚醒剤のこと（大阪、1954年７月撮影）

進駐軍が残していった中古トラック改造のバスを叩き売り。１台13万円。大阪市交通局にて（大阪市、1954年８月撮影）

1953年２月１日にテレビ放送が開始。京阪電鉄も翌年1954年９月から大阪と京都を結ぶ特急にテレビ搭載の電車（テレビカー）を走らせた（京都市、1954年９月４日撮影）

「祝アーチ完成」の真新しい横断幕がかかる板宿銀映通商店街。1948年に開館し、その名の由来になった映画館「板宿銀映」は現存しない。現在はアーケードになっている（神戸市、1954年10月撮影）

松原八幡神社の秋季例大祭は播州を代表する勇壮な祭りで、通称「灘のけんか祭り」。相手のみこしへ飛び乗った若い衆（兵庫県姫路市、1954年10月15日撮影）

南地（ミナミ）の花街を代表する大和屋、その伝統を受け継ぐ名物「へらへら踊り」の稽古風景。川上音二郎一座の川上貞奴が舞台で演じていた踊りがその由来（大阪市、1954年11月撮影）

島原の揚屋「角屋」にて、おいらんの餅つき。戦後に復活した年中行事（京都市、1954年12月25日撮影）

十日戎でにぎわう今宮戎神社。商売繁盛を願う参拝客で、狭い境内は立錐の余地もない。もらった福笹に、いろいろな縁起物を購入して飾り付ける（大阪市、1955年１月撮影）

京都ゑびす神社の十日戎で街に繰り出す宝恵かご（京都市、1955年１月撮影）

城崎駅（現・城崎温泉駅）の温泉客待ち風景。自転車の荷台に籠がくくりつけてあり、客の荷物を運ぶのだろうか（兵庫県城崎町〈現・豊岡市〉、1955年６月撮影）

泉州名物「タマネギ小屋」の風景。日本におけるタマネギ栽培の発祥地のひとつである泉州は、昭和初期から最盛期の1960年頃まで日本最大の産地であった。奥の松林は長松海岸。南海電車も見える（大阪府岬町、1955年９月撮影）

焼失から５年ぶりに再建され落慶式を迎える金閣寺（鹿苑寺の舎利殿「金閣」）（京都市、1955年９月撮影）

大阪駅前で昭和天皇を歓迎する市民たち。昭和天皇はこの時、1947年６月４日～15日に京都府、兵庫県、大阪府、和歌山県を訪れた（大阪市、1947年６月５日撮影）

毎日新聞大阪本社で大組（組版）作業を見学する昭和天皇（大阪市、1947年６月６日撮影）

武田薬品工業の大阪工場を訪れ、女性工員に話しかける昭和天皇（大阪市、1947年６月５日撮影）

昭和南海地震の被災地を視察する昭和天皇（和歌山県田辺市〈当時は新庄村〉、1947年６月撮影）

奈良県知事公舎前で提灯行列に応える昭和天皇（奈良市、1951年11月19日撮影）

昭和天皇の京都大学訪問に対し、学生のデモ隊が御料車を取り巻くなど気勢をあげ、京都市警や警察予備隊400人が出動する騒ぎになった（京都市、1951年11月12日撮影）

オープンカー（先頭）で滋賀県庁に到着した昭和天皇（大津市、1951年11月15日撮影）

京都で最大の引揚者施設であった高野川寮を視察する昭和天皇（京都市、1947年６月撮影）

兵庫県酒造組合連合会を訪れた昭和天皇（神戸市、1947年６月撮影）

市民の万歳に応じる昭和天皇。市民奉迎場（現在の大手前公園付近）にて。奥に姫路城天守が見える（兵庫県姫路市、1947年６月撮影）

解体される初代通天閣。火災の原因は、隣接する映画館からの延焼によるもので、その後、金属類回収令による鉄材供出のために解体された（大阪市、1943年４月６日撮影）

中央のロータリーに初代通天閣があった。正面に「うを伊食堂」があるため、通天閣本通商店街のほうへ北を向いて撮影している（大阪市、1954年３月撮影）

ベンチが置かれ休憩場のようになったロータリー（大阪市、1954年11月撮影）

ロータリーに「通天閣再建設用地」の看板が立った（大阪市、1954年７月13日撮影）

完成近い２代目通天閣（大阪市、1956年７月21日撮影）

「闇市静かに閉鎖」

昭和廿一年八月二日　毎日新聞　大4　（二）

闇市静かに閉鎖

跡濁さぬ清掃

協力十分・新生の心構へ

【上】一日午前零時！きのふ

城東線の客が半減

関係者の協力に感謝　鈴木警察部長談

自発的建物取壊し始る

毎日新聞朝刊1946年8月2日付

空襲後の人々を待ち受けていたのは、焼け野原での再起であった。住居も食糧も極度に不足するなかで、一家のあるじはその日の食糧調達に奔走し、餓死者や凍死者も相次いだ。政府は戦時中からの配給統制で生活必需品の自由な売買を禁じたが、肝心の配給は企業の生産停止や政府の無策で機能しなかった。敗戦の一九四五年は米が大凶作で、政府が一〇〇〇万人の餓死者が出ると予測する厳しさとなった。

そんな焼け跡に自然発生したのが闇市で、大阪にできたのは一九四五年九月頃とされる。品不足で爆発的にインフレが進み闇値は高騰したが、物があれば金に替えて食糧を買えるため、人々は当てのない配給を見限って闇市に走った。大阪府は占領軍の経済秩序優先の意向に沿って、一九四五年一〇月二五日に闇市九か所を一斉閉鎖した。しかし再び復活したため、翌年一九四六年八月一日には府内九二か所を閉鎖した。大にぎわいだった市場は猫一匹通らない静けさとなり、上掲の毎日新聞八月二日付紙面は、「一層ハリ切った取締りの警官も商人側の秩序ある閉鎖ぶりにかえって気抜けの形」と伝えた。京都も遅れて八月一〇日に市域一六か所の闇市を閉鎖したが、神戸は大阪、京都の動きには追随しなかった。

配給制度やインフレに手を打たないままの閉鎖強行で物価はさらに高騰し、暮らしは一層困窮した。人々は品物が豊富で比較的割安な神戸や農村での買い出しに殺到するしかなかった。当局の規制に対する暴動はなかったが、民衆はたび重なる規制に、時に面従腹背の態度を示しながら、生きるために闇市を復活させて維持した。

（阿部浩之）

おわりに

毎日新聞社内には、時代の空気を伝える「歴史遺産」が眠っている。創刊号以来、欠落なく全号保管されている紙面だけではない。公称ながら、幕末からの一八〇万枚の紙焼き写真や、二七〇〇万コマにのぼるネガフィルム、ガラス乾板がある。一〇〇年近く続けてきた新聞・雑誌の切り抜きは約二五〇〇万枚にも及ぶ。

これら資料の収集・保存を専門に行い、社員や読者からのレファレンスに対応している部署もある。東京や大阪などの本社に置かれた情報調査部である。

取材や編集で活気のある新聞社の編集局に属しながら、情報調査部の部屋は少し異質である。静けさに包まれている。古い本や紙のにおいがする。学校の図書室をイメージしてもらえばわかりやすい。ただ、図書室と違うのは、蔵書よりも紙資料のほうが圧倒的に多いこと。大阪本社でいえば、長さ三三・五メートル、横幅一〇・五メートルの書庫は幅一・六メートルの通路をはさみ、両側に可動式のスチール棚がずらりと並ぶ。それぞれの棚にはテーマごとに細かく分類した資料が、専用箱や鍵付きの引き出しに収まって保管されている。

一部の資料はデジタルデータとして社内データベースに登録され、毎日フォトバンクを通じて外部販売している。しかし今回、本書の出版によって公開した写真の多くは、大阪本社情報調査部のスチール棚で長い間眠っていた紙焼きの報道写真である。大阪本社が一九九二年に現在の社屋（北区梅田）に移転する前、堂島（北区）にあった時代に撮影されたものである。

戦中から戦後の混乱のなかで、記者やカメラマンは何をどう切り取ったのか。膨大な写真資料がなぜ大阪本社に残っているのか。それを考える手がかりとしてまず、毎日新聞大阪本社の来歴から紹介したい。

大阪日報から大阪毎日新聞となった「大毎」は、東京・浅草で誕生した東京日日新聞と一九一一年に合併して全国紙となった。しばらくは「大阪毎日新聞」と「東京日日新聞」の二つの新聞を発行していたが、一九四三年に社名から「大阪」を取って「毎日新聞社」と改称し、二つの新聞の題号を「毎日新聞」に統一して、現在の会社形態が定まった。

合併前の大毎は日清・日露戦争の報道で大きく発行部数を増やし、勢いがあった。全国紙にもなり、手狭になった大阪市東区大川町（現・中央区北浜）の社屋に代わる新しい本社として、一九二二年に完成したのが堂島本社である。地下一階、地上五階の当時としてはひときわ高い、耐火耐震鉄筋コンクリートの建物で、二階に編集局、隣接して活字工場、直下の一階には印刷工場と紙倉庫、発送部門があった。

日中戦争や太平洋戦争中、写真原稿の流れは大阪本社が軸になっていたという。外地の特派員たちが撮影した写真のオリジナルネガはすべて大阪本社に運ばれ、写真部員は通し番号をつけ、キャプションと撮影年月日、撮影者氏名もつけて、紙焼きとともにスクラップブックに整理した。

終戦間際の一九四五年六月、大空襲で堂島一帯は灰燼に帰したが、頑丈だった本社ビルは焼け残り、社は貴重な報道写真の焼失を免れた。もっとも、重要と思われる写真は、すでに社員の疎開先に極秘で運ばれ保管されており、戦後もこれらを「社の財産」として守り通した社員がいた。

社史『「毎日」の3世紀　新聞が見つめた激流130年』では次のように記している。

「ポツダム宣言受諾直後、軍事裁判の証拠資料に使われることを恐れた軍部から『戦争裁判の資料になるものを焼却せよ』という命令が出た。しかし時の大阪本社・高田正雄写真部長は『特派員たちが命をかけて撮影した写真は社の貴重な財産であり、歴史の遺産である。焼き払うことなどできるものか』と守り抜く決断を下した。疎開先からひそかに写真を運びだし、旧大阪本社（筆者注：堂島本社）の地下金庫に隠したのである」

終戦後は一転、取材先として進駐軍との接触が増えたという。社内に渉外部ができ、記者やカメラマンは英会話のレッスンに力を入れた。ひるまずに進駐軍と交渉したのであろう。米軍機に同乗し、関西の焼け跡の惨状を撮影した写真があり、大きく紙面に掲載された。この一枚は本書にも収録している。

本書の他の収録写真を見ても、大阪を巡幸する昭和天皇と出迎えの米軍人との握手、接収されていた伊丹空港（伊丹エアベース）の返還式など、報道機関であるがゆえにその場に立ち入り、撮影が許された特別な写真が残っている。一方、川床で金屑を探す人々や援助を求める傷痍軍人、涼しさを演出する虫売りなど、市井の細かな出来事を描写したり、庶民の多様な姿を切り取った写真も多数ある。

戦中も戦後しばらくも、用紙の不足で発行する新聞のページ数は絞られた。必然的に写真を載せるスペースは減り、お蔵入りした写真は少なくなかった。しかし、モノ不足と厳しい情報統制とで一般市民がカメラを持ち、撮ってまわることが難しい時代に、報道カメラマンが自分たちの役割を意識しないはずがない。ストロボなどないなかで、閃光電球をたきながら光線や構図を工夫し、関西の人々の日常と時代相を記録しつづけた。その蓄積が今、書庫に整然と収まっている写真資料である。

余談になるが、大正末期から昭和戦後の高度経済成長期にかけて、新聞社には伝書鳩がいた。写真伝送機や電話、交通機関が未発達だったためで、鳩は足に通信筒をつけ、撮影したフィルムや原稿を運ぶのに大活躍した。各本社には屋上に鳩舎があり、初期は航空課が、所有する飛行機とともに伝書鳩を担当した。のちに連絡部鳩係が置かれたが、一九六五年に大阪本社が鳩係を廃止して、社の鳩通信の歴史は閉じた。

また、堂島本社からの移転を機に廃止された職制として、「絵描きさん」と呼ばれる写真製版部員がいたことも記しておきたい。当時は写真をそのまま新聞紙面に印刷したら、黒い部分も、光で白く飛んだ部分もより強調され、人の表情やモノの輪郭がわかりにくくなるという難点があった。今でこそ画像処理はパソコン上でできるが、当時は写真の再現性を上げるため、一枚ずつ写真の濃淡を測定し、濃さを調整した灰色の水性インクで顔の輪郭や目鼻に線を入れたり、のどを塗りつぶしたりして補正した。絵描きさんのなかには皇室を専門に担当する人もいたという。本書にはそのように補正が施された写真も収録している。補正写真は「絵」のように見えて違和感を抱く読者がおられるかもしれないが、これも新聞社の技術史の痕跡として理解いただければと思う。

今回の出版プロジェクトは、企画した当時の情報調査部長・阿部浩之（現・姫路支局長）、後任部長の山田泰正（現・鳥取支局兼地方部エリア編集委員）が指揮をとり、部員の大塚哲也、上田朋之が資料の掘り起こしや写真選定の作業を担った。こうして一冊の本になったのは、あまり知られていなかった「占領下の大阪・関西」というテーマを示し、報道写真の価値を生かせるよう方向づけしていただいた共編者の橋爪紳也・大阪公立大学特別教授の力が大きい。このテーマに深い関心を寄せ、熱意を持って編集作業に当たっていただいた創元社の松浦利彦氏ともども、改めて御礼を申し上げたい。

毎日新聞大阪本社　情報調査部長

長谷川容子

参考文献

『大阪市戦災復興誌』大阪市、一九五八年
『日本空襲　記録写真集』毎日新聞社、一九七一年
『かくされていた空襲　京都空襲の体験と記録』汐文社、一九七四年
『大阪・焼跡闇市』夏の書房、一九七五年
『神戸空襲体験記　総集編』神戸空襲を記録する会、一九七五年
『一億人の昭和史4　空襲・敗戦・引揚　昭和20年』毎日新聞社、一九七五年
『一億人の昭和史5　占領から講和へ　昭和21年〜27年』毎日新聞社、一九七五年
『一億人の昭和史6　独立-自立への苦悩　昭和27年〜35年』毎日新聞社、一九七六年
『一億人の昭和史10　不許可写真史』毎日新聞社、一九七七年
『一億人の昭和史　日本占領1　降伏・進駐・引揚』毎日新聞社、一九八〇年
『一億人の昭和史　日本占領2　動き出した占領政策』毎日新聞社、一九八〇年
『一億人の昭和史　日本占領3　ゼロからの出発』毎日新聞社、一九八〇年
『日本の空襲　六　近畿』三省堂、一九八〇年
『和歌山県の昭和史（別冊一億人の昭和史）』毎日新聞社、一九八二年
『決定版昭和史　第12巻　空襲・敗戦・占領　昭和20年』毎日新聞社、一九八三年
『決定版昭和史　第13巻　廃墟と欠乏　昭和21—25年』毎日新聞社、一九八三年
『写真集　なにわ今昔』毎日新聞社、一九八三年
『占領下の大阪　大阪連絡調整事務局「執務月報」（大阪市史史料第十四輯）』大阪市史編纂所、一九八五年
『大阪大空襲　大阪が壊滅した日』小山仁示著、東方出版、一九八五年
『昭和史全記録』毎日新聞社、一九八九年
『神戸１００年　写真集』神戸市、一九八九年
『占領下の京都』立命館大学産業社会学部鈴木良ゼミナール著、文理閣、一九九一年
『占領下の大阪（大阪選書1）』三輪泰史著、松籟社、一九九六年
『続軍都・大津　高校生のための社会科読本2』中島峰夫著、ウインかもがわ、二〇〇二年
『語りつぐ京都の戦争と平和』つむぎ出版、二〇一〇年
『写真で見る大阪空襲』ピースおおさか、二〇一一年
『古都の占領　生活史からみる京都１９４５—１９５２』西川祐子著、平凡社、二〇一七年
『米軍基地下の京都　１９４５年〜１９５８年』大内照雄著、文理閣、二〇一七年
『改訂　大阪大空襲　大阪が壊滅した日（新装版）』小山仁示著、東方出版、二〇一八年
『神戸　闇市からの復興』村上しほり著、慶應義塾大学出版会、二〇一八年
『日本大空爆　米軍戦略爆撃の全貌』松本泉著、さくら舎、二〇一九年
『占領期の都市空間を考える』小林宣之・玉田浩之編、水声社、二〇二〇年
『占領下日本の地方都市　接収された住宅・建築と都市空間』大場修編著、思文閣出版、二〇二一年

索引

〔編著者紹介〕

橋爪紳也（はしづめ・しんや）

一九六〇年、大阪市生まれ。大阪公立大学研究推進機構特別教授、大阪公立大学観光産業戦略研究所所長。京都大学工学部建築学科卒業、大阪大学大学院工学研究科博士後期課程修了。建築史・都市文化論専攻。工学博士。著書『大阪万博の戦後史』『飛田百番』『絵はがきで読む大大阪』（創元社）、『博覧会の世紀』『新・大阪モダン建築』『大大阪モダン建築』（青幻舎）、『大大阪モダニズム遊覧』（芸術新聞社）、『昭和の郊外 関西編』（柏書房）ほか多数。エネルギーフォーラム賞優秀賞、大阪活力グランプリ特別賞、日本観光研究学会賞、日本都市計画学会石川賞、日本建築学会賞など受賞。

写真《しゃしん》図説《ずせつ》　占領下《せんりょうか》の大阪《おおさか》・関西《かんさい》

昭和《しょうわ》20年《ねん》（1945）～昭和《しょうわ》30年《ねん》（1955）

二〇二二年六月二〇日　第一版第一刷発行

編　者　毎日新聞大阪本社
編著者　橋爪紳也
発行者　矢部敬一
発行所　株式会社 創元社
〈本　社〉〒五四一－〇〇四七
大阪市中央区淡路町四－三－六
電話（〇六）六二三一－九〇一〇㈹
〈東京支店〉〒一〇一－〇〇五一
東京都千代田区神田神保町一－二 田辺ビル
電話（〇三）六八一一－〇六六二㈹
〈ホームページ〉https://www.sogensha.co.jp/

印刷　図書印刷

ISBN978-4-422-30095-5 C0021